全國高等院校古籍整理研究工作委員會重點項目

浙江大學「211工程」三期「古代文化典籍整理、研究與保護」項目

義烏叢書編纂委員會
浙江大學浙江文獻集成編纂中心 編

義烏人物記
義烏兵事紀略

〔明〕金江 撰
黄侗 撰
李玲玲 點校
張涌泉 審定

中華書局

圖書在版編目(CIP)數據

義烏人物記/(明)金江撰;李玲玲點校. 義烏兵事紀略/黄侗撰;李玲玲點校. —北京:中華書局,2020.11
(義烏叢書·義烏往哲遺著叢編)
ISBN 978-7-101-14822-0

Ⅰ.①義…②義… Ⅱ.①金…②黄…③李… Ⅲ.①軍事史-史料-義烏-古代②歷史人物-列傳-義烏-古代
Ⅳ.①E289.553②K820.855.3

中國版本圖書館 CIP 數據核字(2020)第 196023 號

書　名	義烏人物記　義烏兵事紀略
撰　者	〔明〕金　江　黄　侗
點校者	李玲玲
審定者	張涌泉
叢書名	義烏叢書·義烏往哲遺著叢編
責任編輯	梁五童
出版發行	中華書局 (北京市豐臺區太平橋西里 38 號　100073) http://www.zhbc.com.cn E-mail:zhbc@zhbc.com.cn
印　刷	北京瑞古冠中印刷廠
版　次	2020 年 11 月北京第 1 版 2020 年 11 月北京第 1 次印刷
規　格	開本/880×1230 毫米　1/32 印張 6　插頁 2　字數 100 千字
國際書號	ISBN 978-7-101-14822-2
定　價	59.00 元

義烏叢書編輯部

主　　編　吴小鋒

副 主 編　周大富　朱德友

成　　員　（按姓氏筆畫排序）

毛曉龍　金曉玲　施章岳　孫清土　張建鵬　張興法

傅　健　賈勝男　趙曉青　鄭桂娟　樓向華　劉俊義

潘桂倩

本書執行編輯　施章岳　趙曉青

總序

汩汩義烏江，從遠古流來，流過上山文化，流經烏傷古縣，流入當今小商品之都，流成一條奔涌着兩千兩百餘年燦爛文明浪花的歷史長河。

義烏江流域，山川秀美，物華天寶，文教昌盛，地靈人傑。自秦王政始置烏傷縣，兩千兩百多年的歷史時期，勤勞智慧的義烏人在此耕耘勞作，繁衍生息，改造山河，創造了璀璨的歷史文化。

義烏地方文化，是中華民族文化的組成部分，因其獨特的地理環境和歷史原因，又具有自身鮮明的特徵。

義烏文化的獨特性，體現在「勤耕好學、剛正勇爲、誠信包容」的義烏精神裏，體現在「崇文、尚武、善賈」的義烏民俗裏，體現在「博納兼容、義利並重」的義烏民風裏。義烏精神及民風、民俗遂成爲源遠流長的中華民族文化之泓泓一脈，成了中國歷史上不可或缺的一頁。千百年來，義烏始終在傳承着文明，演繹着輝煌，從而使義烏這座小城魅力無限。

義烏自古崇尚耕讀，特别是唐代之後，學風漸盛，素有「小鄒魯」之稱。自宋以來，縣學、社學、書院及私塾等講學機構多有設立，而「莅兹土者，莫不以學校爲先務」。故士生其間，勤奮好學，蔚成風氣，學有成就，燁燁多名人。並且，輻射出巨大的文化能量，不僅本地名儒代有，在浩浩學海與宦海中大展宏圖，而且還活動過、寄寓過數不勝數的全國各地的文化名人。從文人學者到書家畫師，從能工巧匠到杏林名家，其生動活潑的文化創造與傳播，綿延不絶的文化承續與傳遞，從來没有湮滅或消沉過。在博大精深的中華文化領域裏獨樹一杆頗具特色的義烏文化之幟，在優雅千載的儒風中誕生了許多屹立於中華民族之林的英傑。也正是文化底藴的深厚與文化内涵的博大，造就了令人神往的義烏，使其作爲中華文化淵藪的鮮明形象而歷久彌新。

歷史，拒絶遺忘，總要把自己行進的每一步，烙在山川大地上。

時間逝而不返，它帶走了壯景，淘盡了英雄，留下了無數文化勝迹和如峰的聖典。只有在經過無數教訓和挫折之後的今天，人們才逐漸認識到作爲一個複雜系統的組成部分，城市的各要素所具有的種種不可替代的價值和功能，它們飽含着從過去傳遞下來的信息，而《義烏叢書》正是記録這些信息的真實載體。

歷史是無法割斷的，許多古老的文化至今仍然在現實生活中發揮着重要作用。當我們向現代化的目標邁進時，怎樣繼承古老文化的精華，剔除其封建糟粕，在傳統文化的基礎上建立社會主義新的文化格局，是一個擺在我們面前與物質生産同等重要的任務。

一位哲學家曾經説過，哲學就是懷着鄉愁的衝動去尋找失落的家園。今天，我們正處於一個重要的歷史性轉折時期，越來越多的有識之士也開始意識到，對民族民間文化源頭的追尋迫在眉睫。鑒於此，我們編纂出版《義烏叢書》，具有深遠的歷史和現實意義：

搶救文化典籍，古爲今用 文化典籍中的善本古籍，是前人爲我們留下的寶貴精神財富和歷史見證，極富文獻價值和文物價值。義烏歷代文士迭出，著述充棟。這些歷經滄桑而幸存下來的「國之重寶」，或出於保護的需要，基本封存於深閣大庫，利用率甚低；或由於年代久遠，幾經戰亂，面臨圮毁。如今，《義烏叢書》編纂工作的啓動，爲古籍的保護與使用找到結合點，通過影印整理，皇皇巨著撣除世紀風塵，使其化身千百，爲學界所應用，爲大衆所共享；同時，原本也可以得到保護。真可謂是兩全之策，是爲民族文化續命，是爲地方文化續脈。

繼承傳統文化，發揚光大　在義烏歷史上，有許多人文典故值得挖掘，有許多可歌可泣的先進事迹值得記載。撥浪鼓文化需要傳承，孝義文化值得發揚，義烏兵文化應予光大。但由於歷史上的義烏是個農業縣，文化底藴雖然深厚，載入史册的却寥若晨星。而深厚的歷史文化傳統能孕育和産生强大的文化力，能爲塑造良好的城市形象提供重要基礎，這種文化力所形成的精神力量深深熔鑄在城市的生命力、創造力和凝聚力中，是推動城市經濟和社會進步的内在動力。因而，《義烏叢書》編纂者堅持傳統文化與現代文化相銜接，精英文化與大衆文化相兼顧，創作出義烏歷史上從未有過的文化系列叢書，既是精神文明建設的需要，也是物質文明建設的需要。

追溯文化發源，承前啓後　義烏經濟的發展，並非無源之水，無本之木。「參天之木，必有其根；環山之水，定有其源。」義烏發展的文化之源、義烏商業的源流之根、義烏文化圈的形成特質，包括宋代事功學説對義烏「義利並重、無信不立」文化精神的影響，明代「義烏兵」對義烏「勇於開拓、敢冒風險」文化精神的影響，清代「敲糖幫」對義烏「善於經營、富於機變」文化精神的影響等。因而，如何用文化來解讀義烏，也成了《義烏叢書》的重要組成部分。

廣義的文化幾乎無所不包，狹義的文化基本限於觀念形態領域。從以上包含的内容可看出，《義烏叢書》對「文化」的界定，似乎介於廣、狹之間，凡學術思想、哲學原理、科技教育、文學藝術等多個類别與層次，均在修編範圍之内。

幾千年歲月藴蓄了豐贍富饒的文化積澱。面對多姿多彩、浩瀚博大的義烏文化形態，我們感受到了其内在文化精神的律動。

保存歷史的記憶，保護歷史的延續性，保留人類文明發展的脈絡，是人類現代文明發展的需要。如今，守望歲月的長河，我們不能不呼籲，不要讓義烏失去記憶。《義烏叢書》卷帙浩繁，她集史料性、知識性、文學性、可讀性、收藏性於一體，以翔實的史料、豐富的題材、新穎的編排，全景式地再現了江南「小鄒魯」的清新佳景和禮儀之邦精深的内涵。走進她，就是走進時間的深處，走進澎湃着歷史的向往和時代的潮音的實地，去領略一個時代的結束，去見證另一個時代的開始。宏大精深的傳統文化曾經是，也將永遠是義烏區域文化賡續綿延的基石，也是義烏繼續前進乃至走在全省、全國前列的力量。在建設國際商都的進程中，搶救開發歷史文化遺産，掌握借鑒先哲遺留的豐碩成果，是全市文化學術界的共同期盼。因而，編纂這套叢書既是時代的召唤，也是時勢的需要。

習近平總書記近年來一直强調，文化自信是更基礎、更廣泛、更深厚的自信。我們認爲，地方文化是中華文化的本質特徵和根本屬性，是中華文化的重要代表。我們對地方文化源頭的追尋，正是爲了堅定我們中華文化的自信。這也正是我們編纂出版《義烏叢書》的主旨與意義所在。

義烏叢書編纂委員會

總目

義烏人物記

目録

整理説明

《義烏人物記》二卷，明金江著。金江，字孔殷，浙江義烏人。青村先生金涓七世孫，性温雅聰慧。承家學淵源，博通群籍，日以著述爲事。嘉靖初由太學生授太倉州判官，因開浚丫浦水利有功，陞高唐同知。捐俸賑荒，活民甚衆，爲官民褒贊。所著有《續綱目書法》《續敬鄉録》《端本要略》《華川文派録》《義烏人物記》《太倉高唐二州志》等，但多已失傳。

《義烏人物記》二卷，上卷忠義、孝友、政事，下卷文學，仿宋濂《浦陽人物記》之例，取史傳地志及諸家文集中所載義烏名人，分别爲之傳贊。所載凡四十七人，依上述四個門類分别載入。《四庫全書總目》史部傳記類存目著録該書，稱「義烏人物志二卷浙江范懋柱家天一閣藏本，明金江撰……蓋全倣宋濂《浦陽人物記》例，而叙述過於簡略，不及濂書博贍也」。

《義烏人物記》現存最早傳本爲北京圖書館（今國家圖書館）藏明嘉靖刻本，另有近人胡宗楙（一八六七—一九三八）《續金華叢書》校刻本。《四庫全書存目叢書》史部第九十五册（齊魯書社一九九六年版）收《義烏人物記》二卷，即據北京圖書館藏明嘉靖刻本影印，卷末題記云「義烏人物記二卷浙江范懋柱家天一閣藏本」。則此本或即《四庫全書總目》史部傳記類存目所著録版本。今人駱兆平《新編天一閣書目》所收《天一閣進呈書目校録》史部傳記類著録「義烏人物志二卷，明金江撰，刊本……四庫全書總目傳記類存目」，當即進呈後未返還耳。

永康胡宗楙校刻本係《續金華叢書》之一種，卷首有「甲子春永康胡宗楙校録」字樣。「甲子」，即民國十三年（一九二四），恰是此年，胡宗楙完成輯刻鄉先賢著作經、史、子、集共五十八種，成書一二〇册，名爲《續金華叢書》，補其父胡鳳丹輯刻《金華叢書》之未備。卷末有胡宗楙題記：「明嘉靖乙未，義烏金江撰《義烏人物記》二卷，上卷忠義、孝友、政事，下卷文學，凡四十有七人。所引諸書爲史書、郡志、《名臣言行録》《十七史詳節》《敬鄉録》《賢達傳》、文集各種，其體例悉倣宋濂《浦陽人物記》，《四庫》已著録，《善本書室藏書志》亦列入乙部，此即杭州丁氏鈔贈本。」則胡宗楙校刻本當據杭州丁申、丁丙兄弟藏本之鈔録本所刻。

本次整理以《四庫全書存目叢書》影印明嘉靖刻本爲底本，以胡宗楙校刻本爲參校本（以下簡稱胡本）。由于整理者知識水平有限，且點校時間匆迫，書中點校難免有不當之處，敬希讀者批評指正。

義烏人物記叙[一]

天理之在人心，無古今，無智愚，其善善惡惡，公是公非，如日月之昭晰，不俟指數而見者。叔世道湮，人多蔽於所私。見有善焉，恥己之不若也，則從而忌嫉之，又從而搜剔其幽隱，攻訐其短長，以爲掩護遮蓋之地，必使彼之長不足以形吾之短而始快。是非其性獨異也，於此亦足以驗人心之良，而流弊至於此極者，則前言往行不暴於斯世，而尚友之意微也。

義烏金子，孔殷治經之暇，慨然有志千古，博考賢達傳志及行狀、碑銘、圖譜，訂疑覈實，分忠義、孝友、政事、文學上下卷，萃爲《義烏人物記》一編。持以告予曰：「事則無改於舊義，則願爲加飾焉。」予觀之，磊落大節，類多著列於國

〔一〕胡本無此叙文。

史，信義烏之多賢也，而君益爲之表章，使讀者不覺欣慕愛樂，真若佩芝蘭而説好色。其於行汙節辱，亦爲之指摘、譏評不少貸，使讀者毛寒骨竦，憫然若將有浼焉之意。今之世，人人而用心若是焉，則所以興起其善善惡惡之公，而流淑斯世者，又何如也？

予嘉金子之志，不暇論文之工拙，而僭爲書之如此云。

正議大夫資治尹禮部右侍郎四明黄宗明譔

義烏人物記引

記者何？紀實也。紀實者何？昭世則也。世則昭而記義盡矣。洪與劉嘗志郡縣以及人物矣，曷爲著之？病二子也。二子不其紀實乎，曷爲病之？顧其晦弗彰，淆弗別，善弗旌，是以病之。然而名爵史編固嘗顯矣，奚俟於著？特沉微者爲泯泯焉爾。是故删其所不必録者，參吾之所必録者矣。考索而著定，著定而記成，記成而實紀。於是晦焉用彰，淆焉用別，善焉用旌。故曰：世則昭而記義盡矣。

嘉靖十四年仲冬既望綢東金江書

凡例

一、《楊琁傳》取《後漢書》，《駱統傳》取《三國志》，《駱賓王傳》取《唐史》，《宗澤》《徐僑傳》取《宋史》，《黄溍傳》取《元史》；其餘諸傳，或采洪遵《郡志》，或考劉同《縣志》，或按朱子《宋名臣言行録》、吕祖謙《十七史》、吴師道《敬鄉録》、鄭柏《金華賢達傳》，更參之行狀、碑銘、譜圖、記序、諸先正文集。以取其大槩而節爲小傳，不敢妄改其舊傳。或有詳略不同，則取其長而姑置其短，以備綜覈焉。

二、忠義、孝友人之大節，故以爲先，而政事次之，文學又次之。

三、郡縣有志，即古列國史也，皆所以紀事行遠，例當稱名。今依史氏之例，皆以名書。唯子孫之於祖考，以字書之。

四、楊琁已入宋濂《浦陽人物記》，蓋浦陽未置縣時，地隸烏傷。琁自高祖茂始遷，考其所居處，實浦陽地。按，洪遵以扶隸浦陽，以扶之子喬、琁隸烏傷，何耶？然必有所據焉爾。觀其封烏傷新陽鄉侯，及考《大明一統志》，亦書義烏人，故載於此，不以《浦陽人物記》而遂遺也。

五、郡縣志缺略者，如葉由庚、喻偘、樓大年、朱環、金涓，見宋《潛溪文集》及《賢達傳》，明白可據，今皆增入。

六、傳中知所從來者，則書曰「自某郡來遷於義烏」；不知者，但書曰「縣人」，至於居在何鄉，年壽多少，傳世遠近，可考者亦書。

七、舊有名而無字者因之，不知其事之詳而姓名不可闕者，附諸傳中。

八、贊文之作，則於傳中所未備者，藉是以發之，豈敢以管見效史氏作評品耶[一]？

九、本傳所載與墓銘、行狀不同，歷官次第、行事後先多紊亂難考，今擇其理優者載之。

[一] 評品，胡本作「品評」，亦通。

十、責人欲恕，論人欲盡，故是書去取不得不嚴，今據諸史傳志行實昭著，書傳可考者，既以類輯之矣，又或略示微意於贊中。其有載於他志而不入，甚至無足稱者欲并不書，恐貽後人脱略之疑，故自爲論之，以俟博聞高見者定〔一〕。

十一、入記者，皆先賢達盖棺論定故也。

凡例畢。

〔一〕「定」字下，胡本有「焉」字。

義烏人物記卷之上

忠義篇

天下有大閑，亘萬世而不踰者，忠義是也。並輝二耀，競美兩間，夫誰爲之？蓋萃天地勁正之氣，發爲磊落傀偉之行，蹈白刃，赴水火，歷萬死而不改其操。故龍逢於夏，比干於商，申蒯於齊，弘演於衛，紀信、欒布於漢，向雄、嵇紹於晋，顔真卿、張巡、許遠於唐，誠烈士哉！宋當靖康、建炎之間，虜人長驅而南也，宗澤知磁州，獨憑城死守，爲天下倡。及留守京師，以忠義鼓群盜，嬰方鋭無前之鋒。時河北已没，郡縣番爲國有〔一〕，江南卒賴以立國。力請回鑾，以圖恢復中原，爲邪計阻之，積憤而卒。

我國朝初，雲南未奉正朔，王褘奉詔往諭〔二〕，遂不屈死。蓋褘之功業，於澤雖少見，然皆知事君之大義，守身之大節，不以成敗利鈍而少變。其扶天常，其植人紀，其褫亂臣賊子之氣，裨補世教，甚有力焉。江生也晚，間聞諸鄉薦紳先生，及考傳誌，備知二公履歷而景慕其氣節，未嘗不爲之浩嘆。作《忠義篇》，以爲後世人臣之勸。

〔一〕番，胡本作「奉」。按，「番」謂輪番、接連之意，其字不誤。宋陳亮《宗縣尉墓誌銘》：「而河北已没，郡縣番爲國守，功雖不竟，江南卒賴以立國。」

〔二〕王褘，底本原作「王禕」，史傳文獻中亦多作「禕」。考宋濂《王子充字序》云：「子充其欲為古之道哉？夫褘之爲物，古之蔽膝，所以被於裳衣之上，覆前者也。」明方孝孺爲王褘之父所撰《常山教諭王府君行狀》，亦云：「府君春秋高，三子裕、褘、補，皆業儒，而褘從黄文獻公學，頡頏儕輩間，尤有名。」王褘的兄弟王裕、王補之名皆從衣旁，則王氏之名，亦必從衣旁作「褘」。另外，故宫博物院藏王褘書法真迹（《義烏墨韻》有收），末題「金華王褘記」，并有篆書印章「王褘子充」，題名中之「衤」旁與印章中之篆書「衣」旁皆清晰可見。據此，王氏之名，當以「褘」爲正，兹據改。下同，不再出注。

宋宗澤傳

宗澤，字汝霖，縣人。母夢雷電紅光下燭〔一〕，寤而生澤。自幼有大志，登元祐六年進士第，調館陶尉；歷龍游、膠水、趙城令；改知掖縣；差通判登州，忤道士得倖用事者，褫職羈置鎮江；尋監鎮江酒稅。靖康元年，用薦者假宗正少卿充和議使，澤奏「名不正」，改計議使，衆謂澤方剛難合而止。除直秘閣，知磁州，從羸卒十餘人，單騎之官。至則治城池，修器械，廣儲蓄，募敢勇，爲必守計，且條畫邊防及勤王策。進秘閣修撰、河北義兵都總管。康王再使金，過磁，澤力止之，王遂回相州。有詔以澤爲副元帥，加集英殿修撰，從王起兵入援。澤自將兵與金人數十戰，皆有功。王承制，除徽猷閣待制，方進兵臨濮，而京城不守矣。金人逼二帝北行，澤即引兵趨滑，抵大名，將徑渡河，據其歸路邀還之，而勤王之兵無一至者。又聞張邦昌僭位，即欲先行誅討，乃還軍衛南，且上書高宗勸進。建炎元年五月，

〔一〕母，底本原作「毋」，義不協，兹據文意及胡本改。

高宗即位南京。趨詣行在所，入對，涕淚沾臆，陳興復大計踰千言。且曰：「願陛下一怒以安天下之民，臣雖駑怯，當冒矢石爲諸將先，得捐軀報國家，志願足矣。」高宗壯其言，擢龍圖閣學士，知襄陽府。時方議割河東北蒲解地，上疏諫止。改知青州。尋知開封府，宣布恩威，豪强斂縮，盜賊屏竄。河東王善最爲巨寇，澤單騎説降之，王再興、李貴、楊進、王大郎等皆相繼降。即上疏乞車駕回京。時欲幸維揚、金陵，澤復以疏諫，不聽。遷延康殿學士、京城留守兼開封尹。金人自鄭州抵白沙，距京纔數十里，將部伍乘城。澤命解甲歸休，毋事張皇。時已遣將劉衍率兵在外，大敗虜衆。又遣王宣敗虜滑州。進資政殿學士。既至，修宫禁，治城壁，增武備，結連諸路義兵、燕趙豪傑。京城内外所屯兵實百八十萬。方尅日大舉渡河，前後二十餘疏，力請上還，爲黄潛善、汪伯彦等所沮，憂憤疽發於背。諸將入問疾，矍然起曰：「吾以二帝蒙塵至此，汝等能殲滅醜虜，吾死何恨！」衆皆流涕曰：「敢不盡力？」諸將出，澤歎曰：「出師未捷身先死，長使英雄淚滿襟！」遂薨。是日風雨晝晦。臨終無一語及家事，但連呼「渡河」者三。時年七十。贈觀文殿學士、通議大夫，謚忠簡。

澤薨數日間，將士散去者十五六。都人憂之，相與請于朝，言澤子穎嘗居戎幕，得將士心，宜用以卒父功。會杜充已除留守，乃以穎爲秘閣留守判官。充反澤所爲，穎屢争之，不從，尋請持服歸。自是，豪傑義士悉皆散去，而中原不守矣。穎後爲兵部郎中，諸孫皆用廕補官，惟從孫武繼登進士第。

贊曰：高宗南渡，澤留守東京，招徠群盜數百萬，使一舉而取河北數郡。當是時也，施爲整頓，幾復中原。而高宗已無北還意，澤於是勸回汴京。前後凡二十四上疏，每爲汪、黄所沮，積憤而死。可悲也夫！嗚呼，俾假之以年，則神州之壁可完；二帝北巡，未必無還期。惜澤死而志竟莫伸，天乎！

皇明王褘傳

王褘，字子充，其先太原之祁人。五代時，節度使彦超自會稽遷義烏之鳳林，又自鳳林遷青巖。褘幼秀敏，酷嗜古學，從黄溍學，溍以斯文之繼任之。早游燕京，諸儒列薦其文，行於朝，不報，遂南歸。會太祖皇帝取婺，辟爲掾，授江南儒學提舉司校理。再轉起居注。尋陞同知南康府事。召還，議即位禮。復出爲漳州通判。又召修《元史》，同爲總裁官。書成，拜翰林待制承直郎、同知制誥、兼修國史院編修官，預教大本堂。出使吐蕃，未達境，召還。

洪武五年正月，奉詔往諭雲南。六月，抵其境。見梁王把都而諭之。時梁王已有降意，會元之遺孽自立於朔漠者，遣臣脱脱徵糧餉於梁王。覘知其與中國通，迫其殺禕以自明。梁王不得已，出禕見之。脱脱欲以威屈，禕慷慨罵曰：「天訖汝元命，我朝實代之。汝如爝火餘燼，尚欲與日月争光耶！吾將命遠來，豈爲汝屈？惟有死而已！寧以迫脇爲懼耶？」脱脱怒其言，禕遂被害，時年五十有二。正統間，贈翰林院學士，謚忠文。所著有《華川前後集》二十五卷、《玉堂雜著》五卷、《詩》五卷、《續大事記》七十九卷。

弟補，字子勉，以明經薦，歷任登州、招遠縣主簿。從弟初，字子升，薦授萬泉縣主簿，所著有《時習齋稿》。長子綬，字孟縕，工五言詩，有《愚軒集》，仲子紳，孫稌，曾孫汶，别有傳。

贊曰：禕以雄才受知太祖，故於出使雲南，不屈而死，可謂烈丈夫者矣！其忠義之心，雖本乎天性，夫亦由學而成歟！其後以文學鳴。是知忠於國者，必昌厥後云。

孝友篇

父子之親，天性也。自世教漓，人始以孝弟爲難能而旌别之，至習俗之偷，鮮有能覺者。嬴政以子廢母，胡亥以弟弑兄，劉季分羹，吕后不哀其子，綱常倫理果安在哉？噫，上有所好，下必甚焉！德色借鋤，誶語取箒，賈誼之言信矣！

夫若顔烏者，習俗不移天性，獨至親歿之時，躬負土石，感烏嗛泥來助，吻爲之傷。貞孝上通神明，可感異類，是非難哉！江聞議者以顯庸君子流芳無窮，忘世處士泯滅無聞，每竊笑之，是焉足以議論人物耶？彼懸銀黄，拖朱紫，志遂當時，身死未幾，不能道其名若字者，往往有之。至若閭巷之家、布衣之士，修孝弟之道，隆愛敬之，誠傳志必謹，以詔後世。然則顯晦固不足較也。有志之士，寧不於是重有感哉？江不敏，間聞鄉先正及舊誌若烏者，未嘗不爲之欣慕，故謹録之。繼烏者，宋之樓藴、周祖仁，元之朱環，亦庶幾焉爾。自秦迄今，一千七百餘年，以孝友著者，止三人焉，亦艱矣！附之以勵鄉人。

秦顏烏傳

顏烏，縣人。事親孝。父亡，負土成塚。群烏銜土助之，烏吻皆傷，因以名縣。

贊曰：烏當嬴秦人倫廢壞之時，孝行足以感異類。彼所謂豪傑之士，雖無文王，猶興非歟？

宋樓藴傳

樓藴，字季發，縣之在城人。母喪，廢櫛沐，鹽酪不入口。結廬墓左，繞塚哀號，塚下耕者爲之墮淚。負土築塚，日自課三十肩，塚高數仞。鄉人合辭請於郡邑，刺史遣從事勞之，且問狀。固謝曰：「此人子之常，不願賞。」鄰里强之，不可。歲時祭享，不用釋老楮幣。終其世，巫祝不至門。人稱曰孝子。吕祖謙銘其墓，襲應之請於朝，從祀顏氏廟。

宋周祖仁傳

周祖仁，縣人。親喪，廬墓朝夕號慟，甘露降於墓柏，人稱曰周孝子。

贊曰：烏之貞孝，無足議矣！蘊與祖仁，結廬墓左，朝夕號慟，愛日之誠，未知何似；泣血之哀，有足稱焉。故録其行而著其名，所以勵風化而敦彝倫焉爾。

元朱環傳

朱環，字君玉，縣之赤岸人。襁褓時無兒啼聲，仲父桂奇之，養爲子。桂後生璧及定周〔一〕，因外環。環益孝謹，凡勞事皆服行，不知有寒暑。時境内多盜，白晝

〔一〕及，底本及胡本皆作「父」。按，明宋濂《朱環傳》（嘉慶十五年嚴氏校刊本《宋文憲公全集》卷四十）云：「赤子時，無兒嗁聲，仲父桂奇之，養爲子。桂後生璧及定周，因外環。環益孝謹。」應即此傳所本。另，《萬曆金華府志》作「桂後生璧及宗周」，兹據改。

出道上劫人財。桂有金數百兩，與璧謀瘞窖中。璧夜發去，反誣環所爲。桂怒，褫環襦袴，立之大雪中，一日夜不使去。環恂恂謝過，無一言辨其冤。桂猶日虐環，五六年間，瀕死者數四，恒順受之不怒。桂死，遇璧益厚。璧子慶多暴，或嫁以殺人罪。環憂不能食，竭私財救之，慶獲免。環善讀書，寶祐間嘗舉進士。年八十六終於家。

子元。元字子初。至元末有盜數千，起縉雲，過永康，置砦峽源山。山抵元家甚邇，盜將劫元父環及環兄遇魁爲謀帥。元聞，遽告二翁速避寇，不聽，復涕泣諫。翁罵曰：「豎子不解事！江南内附久，誰敢叛耶？設有寇，不過鼠竊狗偷，何足病？」元自度，賊若縛翁去，則是翁從賊反，官坐以法，雖有百喙莫能白。爲今之計者，孰若殺賊自明。乃與役夫傅參謀，執刃伏垣下〔一〕。或止之曰：「賊勢張甚，汝不畏作葅醢耶？」元曰：「吾知有親爾，若得白親以無罪，雖萬死不恨。」會賊偵

〔一〕下，底本原作「一」，胡本無此字。按，明宋濂《朱環傳》（嘉慶十五年嚴氏校刊本《宋文憲公全集》卷四十）及《萬曆金華府志》皆作「下」，兹據改。

騎至，竟斫殺二人〔一〕，梟首市中。以血手入示翁，負之北逃。賊平，翁竟無罪。

贊曰：宋濂云：「昔尹吉甫子伯奇無罪，爲後母譖而見逐，履霜中野，作《履霜操》，其辭多怨傷。夫伯奇不必爾也，父母惡之，勞而不怨，何假於辭哉？今環之無罪，與伯奇同。環羸身立大雪中，則又非若履霜比也，乃能順受之而無怨。……元爲親故，拔劍斫賊而不知有身。」蓋有得於家教然也。郡縣志乃失載焉，用爲表之。

政事篇

孔門設教，有政事之科。若由、求之徒，皆能施於有國，以著成驗者也。是故，有天下之才，有一郡一邑之才，大小雖有不同，其以福天下均也。吾邑之士有

〔一〕二，胡本作「一」。按，明宋濂《朱環傳》附子《朱元傳》（嘉慶十五年嚴氏校刊本《宋文憲公全集》卷四十）作：「會賊偵騎至，竟斫殺二人，梟首市中。」應即此傳所本，可證「二人」爲是。

忠信、廉勇、禮樂、文章，其憂公忘私、贍國充民，足以慇潤天下〔一〕，生留餘惠，没留餘法者，載在政事。其無從考質而所可見者，不過叙其科第品秩之盛而已。吾邑第進士自王固始。固字天貺，卒官恩陽令。從孫永年繼登進士，知福州，贈正議大夫。永年之子鑄，通判嘉興，贈金紫光禄大夫。永年之孫寧，提舉廣東常平；寅，歷知宜、連、藤、柳、峽、饒、江七州。永年之曾孫謙，知隆州。自南渡後第進士，以樓圖南爲首，知吉州，贈中奉大夫。從孫晏、子固俱世科，若龔應之官右史，許復道子堪並登文武兩科。宣教郎陳昭、郡丞黄耕、秘書丞王世傑、醴陵簿周大亨、台州司理樓斗南、侯官簿傅光龍、知縣何傳、長沙同知朱肇，他如朱叔麒與諸兄夢魁、復淳、文魁、夢周、宗周、炎皆登第於宋季，入仕於元，歷官郡邑。王龍澤登宋進士第，一拜簽書昭慶軍節度判官，宋亡仕元，爲監察御史。故自楊琁至

〔一〕慇潤，胡本作「澤潤」。慇潤、澤潤俱表普施恩澤，語義皆通。然從下文「天下」一詞來看，作「澤潤」更符古人搭配習慣。如《前漢紀·孝文皇帝紀》（四部叢刊影明嘉靖刻本）：「然後陰陽調，萬物茂，妖孽藏，符瑞出，澤潤天下，光被四海。」而「慇潤」一詞後常接「國家」，如《楚紀》卷十三（明嘉靖二十五年何城李桂刻本）：「收九澤之利以慇潤國家。」

龔永吉，凡十有四人，敢録之以爲將來者勸。其餘位望雖隆，政蹟無聞，出處去就終未光明者，不敢妄爲紀載，以俟博聞高見者。

漢楊琁傳

楊琁，字機平。高祖父茂，本河東人，從光武征伐，爲威寇將軍，封烏傷新陽鄉侯。建武中就國，傳封三世。有罪，國除，因而家焉。父扶，字聖儀，爲武源令，遷交阯刺史，有理能名。兄喬，爲尚書，容儀偉麗，數上言政事。桓帝愛其才貌，詔妻以公主。喬固辭，不聽，遂閉口不食，七日而死。琁初舉孝廉，靈帝時爲零陵太守。是時，蒼梧、桂陽猾賊相聚攻郡縣，賊衆多而琁力弱，吏人憂恐。琁乃特制馬車數十乘，以排囊盛石灰於車上，繫布索於馬尾，又爲兵車，專彀弓弩。尅期會戰，乃令馬車居前，順風鼓灰，賊不得視。因以火燒布然，馬驚，奔突賊陣，因使後車弓弩亂發，鉦鼓鳴震。群盜波駭破散〔一〕，追逐傷斬無數，梟其渠帥，郡境

〔一〕群，底本原作「郡」，義不協，《後漢書》卷三十八《楊琁傳》「群盜波駭破散」，兹據胡本及《後漢書》改。

以清。荆州刺史趙凱，誣奏琁實非身破賊，而妄有其功。琁與相章奏。凱有黨助，遂檻車徵琁。防禁嚴密，無由自訟，乃噬臂出血，書衣爲章，具陳破賊形勢，又言凱所誣狀，潛令親屬詣闕通之。詔書原琁，拜議郎，凱反受誣人之罪。琁三遷爲渤海太守，所在有異政，以事免。後尚書令張温特表薦之，徵拜尚書僕射，以病乞骸骨，卒于家。

贊曰：琁用計破賊，以勞定功，政聲藉藉，有祖父風。然景風之賞未甄，膚受之言互及，卒致自明。真誣異報，固足爲公道之快，亦以徵琁之能也。

漢駱俊傳

駱俊，字孝遠，縣人。察孝廉，補尚書郎，擢拜陳留相。值袁術僭號，盜起，俊保疆境，賊不敢犯，濟養百姓，歲獲豐稔。時鄰郡饑荒，人多仰給。俊傾貲賑贍，全活甚衆。育子者，厚致米肉，所生子多以駱爲名。後術衆饑，求糧，俊拒絶，術怒，密使殺之。

吴駱統傳

駱統，字公緒。父俊爲袁術所害。統八歲，與親客歸會稽。幼聰慧，有顯名。孫權領會稽太守，統年二十，試爲烏程相，民户過萬，咸嗟其惠理。權嘉之，召爲功曹，行騎都尉，妻以從兄輔女。統嘗勸權以尊賢接士，勤求損益。出爲建忠郎將。時徵役繁數，民户損耗。統上疏曰：「君國者，以據疆士爲彊富，制威福爲尊貴，曜德義爲榮顯，永世胤爲豐祚〔一〕。然財須民生〔二〕，彊賴民力，威恃民勢，福由民殖，德俟民茂，義以民行。六者既備，然後應天受祚。」權感統言，深加意焉。隨陸遜破蜀軍於宜都，遷偏將軍。曹仁攻濡須，使别將襲中州，統拒破之。封新陽亭侯，後爲濡須督。數陳便宜，前後書數十上，所言皆善，權納用焉。年三十六卒。

〔一〕爲，底本原作「於」，《三國志》卷五十七《吴書·駱統傳》「永世胤爲豐祚」，兹據胡本及《三國志》改。

〔二〕生，底本原作「主」，《三國志》卷五十七《吴書·駱統傳》「財須民生」，兹據胡本及《三國志》改。

南齊朱幼傳

朱幼，字長明，其先魯人漢朱雲之後，避亂過江。曾祖汎，字孝祥，晋永興中任臨海太守，秩滿來徙義烏蒲墟村，寖成大族。後名蒲墟曰赤岸。幼歷高辛、平昌、淮陽三郡太守，遷揚州刺史兼度支，治揚有功。人歌曰：朱幼渡江東，人安盜賊空。

贊曰：俊能濟養百姓，惠及鄰郡。統乃盡忠於吴，建功立業。幼之治揚有功，人安盜空。是皆政績彰著，有功於世者也。君子稱之，固亦宜矣！然統仕孫權，昧知正統，觀者取節焉爾。

宋葉蓁傳

葉蓁，字實之，縣人。父維休、伯父維芑，連擢進士第。蓁以世科累遷太常寺主簿。輪對，言中書政本宜清心正己，以求賢爲務，時宰不然。改軍器監丞，差知荆門。會京西帥幕建議築城東、蒙兩山之巔，蓁以山無水泉，且非敵路，條其不便者六。置制使趙方主先入之説，不從。蓁歎曰：「擞民誤國，寧有去耳。」遂解印綬去，有旨除夔州路轉運判官。俄復予祠，結廬東山，扁曰「抗雲」。祠滿，差知武岡軍，未上而卒。弟謩，亦進士。子由庚，别有傳。

宋朱質傳

朱質，字仲文，縣之溪西人。受學吕祖謙，而卒業於唐仲友。紹熙，親策多士，質次之。後陳《春秋》大義，以復讎爲説，孝宗聞之大喜。質自兩使職官任回，用故事改秩，歷武學諭博士。召試舘職，自正字三遷至著作郎兼侍左郎官。開禧初，金使入見，倨慢，上書乞斬之。時韓侂胄用事，雖不行其言，然遂下詔北伐。擢質右正言、左司諫，皆兼侍講，奏疏論邊事甚悉。及師出無功，侂胄乃欲議和，質猶以爲和不可恃。侂胄怒，即日移太常少卿兼權吏部侍郎。嘉定再和，遂以謫去用。累赦復官，予祠，差知道州，未及上而致仕。積階朝散大夫。有《易説舉要》

《奏議詩文雜稿》。

宋黄夢炎傳

黄夢炎，字予暘。其先由浦江徙義烏。曾祖中輔，以風節聞。夢炎博學善文。淳祐末，登進士第，闢陞入京湖制幕以掌故准備差遣，平反盗公庫銀冤獄，得釋者數十百人。入淮東制幕，主管機宜文字，建議蠲放屯租，邊民賴以安業。出判平江府，攟節浮蠹，以代民輸租白，免淮西總領累歲所索無名錢，民力以甦。咸淳初，除司農寺丞，輪對，力陳時弊，請減浮費，乞戒宴私。度宗嘉納，除樞密院編修官，累遷户部左曹郎官，仍兼編修。與時宰不合，引年以朝請大夫致仕。扁所居曰桂隱，室曰澹齋。有詩文十卷。

贊曰：依世則道廢，違俗則身危。此古人於爵位所以難也。蓁輪對言政，有干時宰，朝廷不從，解印去職。質陳《春秋》大義，以復讎爲説，而以和議爲不可，見黜侂胄。夢炎力陳時弊，請減浮費，與宰執不合，引年致仕。孔子謂「以道事君」，三子近之矣。

宋康植傳

康植，字子厚，上世家金華。父仲穎，字韞之，擢第後試中教官，始來遷義烏，仕至尚書吏部郎中，居官以清白稱。植登世科，自奉化縣主簿三遷爲武安軍節度掌書記，以需次之。暇，執經於徐僑之門者三年。端平更化，侍僑赴京。喬行簡欲處以職事，植亟赴書記，任制置使。史嵩之團結漁舟防江，植持不可，嵩之怒對。移江陵酒官，請奉祠，徑歸。未幾，除刑工部架閣文字，遷國子正，改通直郎。輪對言事抗直，忤時宰意，差通判廣德軍。救荒有法，陞知本軍。以治最聞，召知大宗正丞，遷兵部郎官，出爲浙西提點刑獄公事，劾奏平江守臣史宅之治郡無狀。嵩之，宅之兄也，時爲丞相，并連及之。其言以謂：「宅之不思掩前人之愆，專務聚斂，以事貢獻，是以小忠而成其大不忠也。嵩之不知而使之，不智；知而使之，不仁。其上罔陛下，又不忠之大者也。群臣明知其罪而不言，皆逆探陛下之意，而不敢嬰其鋒，是逢君之惡，亦不忠之徒也。」疏入，理宗震怒，欲重罪之。杜丞相範時在樞府，爲之極諫，謂：「憲臣言事既不中，又加之罪，如天下公議何？」理宗尋悟，乃徙宅之隆興，而植提刑福建，改知寧國府，兼權江南東路提舉茶鹽義倉。奏免和糴，行經界法。除都官郎中，出知吉州，改福建路轉運判官、兼攝建寧府。振水菑，拯鹽弊，政惠大孚。赴闕奏事，卒于建谿驛，積階朝奉郎。

宋朱元龍傳

朱元龍，字景雲，縣人。從徐僑學，登嘉定十六年進士第。歷平陽、青陽尉，調饒州司理參軍。德興令誣其民董氏五兄弟溺死縣卒，具獄上，力辨其非辜，其兄弟得不死，後皆爲名進士。他所平反者甚衆。嘉熙元年，以處州縉雲縣令治最，擢幹辦行在諸司糧料院。輪對，論三邊形勢。理宗嘉納，語近臣曰：「朱元龍，好臺諫官！」除宗正寺主簿，陞宗正丞兼權左司郎官。京局官或挾權貴勢求舉牘，輒斥之曰：「舉牘可以勢取耶？」中官有求封節者，力持不可。宰臣傳上旨，令改擬，對曰：「吾職可罷，擬筆不可改也。」宗室有圩田之訟，舉朝無敢可否，元龍毅然決之。歲旱，宰執勸上幸明慶寺禮佛，元龍曰：「稽首號泥佛，蘇軾且不爲，可以天子而爲之乎？」時方括兩淮浮鹽，致書執政，以謂：「朝廷行商賈之事，廟堂踵諸闠之規，使史氏書曰括浮鹽自今始，不可。」又辨督府殺富民王倫之冤而活其子，兩上封事，言自宮禁朝廷以及百官萬民，皆可痛哭流涕。於是史嵩之入相，疾其直言，遂以斥去。差知衢、吉二州，皆旋予祠。改知台州，以憂不上。既而鄭清之再入相，素惡其剛直，遂以朝奉大夫致仕。家居十年，乃卒。有遺稿十卷及《讀騷集》。子幼學，用蔭入仕，終臨安府觀察推官。從子杰，繼取進士，治郡有能聲，卒官將作少監。

贊曰：徐僑承朱子之緒，傳聖賢之學，倡道烏傷。及門之士多著賢行，若康植、朱元龍者，而發於政事之間，尤光明俊偉。王柏銘植墓，稱其操尚之堅，風力之勁，有得於僑之遺則。噫！獨植而已哉？

宋喻侶傳

喻侶，字伯經，縣之香山人。蚤從從祖良弼學，繼受經於陳亮。由太學生登慶元己未進士第，調宣城尉。有境外盜狙入尉界内，侶登執之，歸於府，府帥臣丘崈異之。開禧丙寅，金人犯淮。府檄令尉二人餉軍，由歷陽達鍾離。鍾離乃敵衝要，法當以重兵護糧。護不滿千人，令畏縮不敢前。侶奮不顧難，遂行，卒致饋於濠，糧有羨。遷慶元府觀察推官，外艱不赴，調隆興府觀察推官。真德秀來爲帥，素知侶能文，將薦之。德秀去，侶爲宜春丞。宜春地接贛、吉，吏珥筆成風，民善訟。侶怦怦諒直，聽必以情，民退無後言。凡訴臺部者，必曰「得宜春丞一聽，死無憾」。改奉議郎、簽書鎮南軍節度判官聽公事，改章服，陞朝奉郎。遂請祠歸，築室夫人峰下，曰蘆隱。所著有《蘆隱類稿》五十卷，《隨類録》二百卷。

從弟南强。南强，字伯强，從陳亮游。亮爲當路排罪且不測，門人畏其威熖，噤不敢出聲。南强義形辭色，見葉適及諸臺官，備陳寃狀，卒直之。慶元間，連貢於鄉。入太學，俛奉南廊對，授邊功部臨安府富陽縣尉，轉修職郎。南强創射樓，補闕卒額。民有以痼死，女誣人者，南强辨其狀，立抵以罪。境内多盜販，禁捕之，雖貽權勢怨，弗懼。禮部侍郎真德秀以言事去廟堂，風京尹，跡其所至，欲并以爲罪。德秀舟過富春江，南强亟見，賦詩爲餞，人皆壯之。轉承直郎、處州縉雲丞，未上卒。所著有《梅隱筆談》十四卷。

贊曰：杜游稱偘質而不俚，華而不靡，憤而不激，怨而不懟。不以食膾炙爲美，澹乎其有味；不以刺文綉爲工，黯乎其有光。其感時念故，推物類情，抑揚離合，必窮其源，以揚其波。其不合於律者，鮮矣。不亦誠然乎哉？

宋虞復傳

虞復，字從道，縣之華溪人。師事倪千里，傳永嘉《春秋》之學。由太學登進士第。以楊村酒官上緝熙殿四十八規，理宗大喜，擢主管户部架閣文字，累遷籍田令，歷武學諭、宗正寺主簿、莊文府教授、太常博士、大宗正丞，出知信州。時史嵩之開督府，以御札盡收列郡利權，因上表進《愛養根本之説》，大忤其意，有旨除都官郎官，御史金淵承風旨奏寢新命，遂奉祠而歸。祠滿，差知興化軍，不赴。嵩之雖去，而鄭清之再相，復亦其所忌，退居東巖十有五年。清之罷，董丞相槐，力薦於朝，待次桂陽軍。俄除金部郎官兼國史院編修官、實録院檢討官，入見改尚右郎官。輪對，舉《大學》正心誠意爲綱領，分好樂忿懥爲節目，援漢文帝欲造露臺以爲好樂之勸。上嘉納。丐外差，知寧國府，改知瑞州。命未下，以疾革，請納禄，得旨轉朝議大夫致仕。所著有《成己集》《告蒙》《告忠》《遠齋集》〔一〕，合八十餘卷。

贊曰：虞復屢上封事，言論剴切，庶乎能感格君心，可謂務引以當道矣。卒忤時宰，遂致落職。然守正不阿，窮達不變，彼以古人之迹見繩，無以加焉。觀其見推於喬行簡，見舉於董槐。傳云「同明相照，同類相求」，其斯之謂歟？

〔一〕按，《宋元學案》卷五十三《止齋學案·知州虞遠齋先生復》作「《成己集》《告蒙集》《告忠集》《遠齋集》」。

宋樓大年傳

樓大年，字元齡，縣之竹山里人。父伯寬，由太學入官，授江陰縣尉，轉知無爲軍襄安鎮以終。大年從徐僑游，登嘉定癸未進士第，調青陽縣尉，監嘉興府袁部鹽場。尋知嘉興青龍鎮，擢遂安縣令，差兩浙西路提刑司幹辦公事，兩易監行在會子庫。同列以侵欺被劾，唯大年獨免。改知南昌縣，爲治先教化，建利去病若嗜欲然。縣民夜行爲讎家毆死，事覺，賂其甥來就辟。甥自陳殺民狀甚悉，大年疑之，亟命丞往驗。丞受賕，使焚屍以滅迹。大年怒聞于府，屬録事覆實，録事復受賕如丞。大年正色抗辨，録事爲引去。上之憲臺，令觀察推定重讞，事始白。民敬之，生爲立祠。遷通判。吉州提點刑獄李迪以大年廉慎，命録一道滯囚。大年隨重輕而疏裁之，抱成案就迪言，咸聽。未幾，攝郡事。江東大姓查氏以父遺書，據幼弟資産幾六十萬。弟長訴之縣州，歷二十年不解。迪曰：「非清白吏如大年者，不足以究此。」以其事下大年，舉張詠決子婿争財故事爲例，命歸其弟，人以爲允。换承議郎、提領户部犒賞所主管文字，尋陞朝奉郎〔一〕，卒于官。

贊曰：宋濂稱大年洞察民隱，如晴空皎月，一塵不染，及解印綬去，攀轅臥轍者綿亘十餘里。或者以爲無愧古循吏云。

皇明朱文傳

朱文，字悦道，縣之赤岸人。從王禕游，學博才贍，剛方少可許人。洪武六年，舉明經，授知星子縣。廉介自持，興學勸農。奏其縣「山高風泠，春意來遲，艱於茶」。上可其奏，遂罷茶貢，人惠之。後陞贛州府同知，盡心撫綏。秩滿，民庶擁留，至今贛民立祠祀之。

贊曰：宋濂跋其文：「論議必本諸經，而翼以濂洛關閩之説。既履康衢矣，長安雖遠，惡有不至哉？……他日道明德立，而文益昌，予當在知言之列。」粤考文

〔一〕朝奉郎，底本及胡本皆作「朝奏郎」，兹據《宋元學案補遺》卷七〇《滄洲諸儒學案補遺下·州判樓先生大年》及明宋濂《樓大年傳》（嘉慶十五年嚴氏校刊本《宋文憲公全集》卷四八）改。

章、政事，蔚有可觀，誠無愧於潛溪所稱者焉！

皇明龔永吉傳

龔永吉，字天民，縣之在城人。父泰，字叔安，卒官户科都給事。永吉舉鄉薦，授職方司主事，陞武選郎中，以事謫戍平涼。時北虜犯邊，用兵部尚書王驥薦爲佐軍，從討之。尋詔驥南討麓川、緬甸等處。及征剿苗蠻、養孟等處，永吉俱從，出師皆有勳績，累擢至大理寺卿，決獄多平反。成化改元，上疏乞骸歸。七年，卒于家。子全名，用蔭知贛縣。

贊曰：史稱張釋之爲廷尉，天下無冤民。于定國爲廷尉，民自以爲不冤。彼無冤民者，君子猶以爲不及，而況推情研實不能無説焉者。嗚呼！大理古廷尉職，天下之平也，唯公正明恕有守者宜居之。永吉在大理，至今有「板卿」之號，可謂執法者矣！

義烏人物記卷之下

文學篇

文者，天地之精，鬼神之奥，所以演貞元之妙藴，發聖賢之心法者也。先王之文如布帛菽粟，日用之不可無者也。後世教弛，以文爲藝，小技揚而大道湮，始專意以爲文。夫文以載道也，是故陰陽變化繫於《易》，治忽幾微定於《書》，成孝厚倫删於《詩》，尊王賤霸修於《春秋》，辨敘名物、悦和人神則見於《禮》《樂》。蓋有是道，則有是文，探於道而得於言者也。亦有以二帝三王爲根本，以六經四教爲宗師，撰述著作，雄辭逸氣，足以發舒志意，衛翼聖教。邃於文者，則其鬱於道者也。吾邑文士，自南齊至于今，其間鉅儒、碩士鍾靈産秀，或風輿瀟洒，或議論純確，或析理毫芒。羽翼經傳，是皆所以洩元化之英華，貫六經之體要者也。若徒以雕刻爲工，而於道無所裨益，適以滋弊耳，亦奚尚之哉？

南齊處士婁幼瑜傳

婁幼瑜，字季玉，縣人。聚徒教授，不應徵辟，著《禮捃拾》三十卷，《禮記摭遺》一卷，《文集》六十六卷。

贊曰：宋濂序《華川文派》自隋至唐宋，名士輩出，若幼瑜，則其尤者也。惜乎其著述之富，皆散逸無存，然吾邑儒宗推婁子云爾。

唐駱賓王傳

駱賓王，縣人。七歲能賦詩，與王勃、楊炯、盧照鄰以文章齊名，號爲四傑。賓王初爲道王府屬，歷武功長安主簿，遷臨海丞，鞅鞅不得志，棄官去。武后時，徐敬業起兵，署爲府屬。敬業傳檄天下，斥武后罪。后讀至：「一抔之土未乾，六尺之孤何在？」矍然曰：「誰爲之？」或以賓王對。后曰：「宰相安得失此人？」敬業敗，賓王不知所之。中宗時，詔求其文，得數百篇。

贊曰：新室篡漢，劉崇帥百餘人攻宛，不入而敗，《綱目》書起兵，書死之，予倡義也。至於英公，亦書起兵而著其怨望。蓋誅心之法，特與其事耳。賓王是時就辟爲府屬，觀其所作檄文，斥武后罪，至今痛快人心，誠亦知順逆之道者！然使得志於孽后之朝，則又不敢決其必在五王之黨否也。然則與宋樊若水又何異焉？觀其文藝之美，則以王楊盧駱並稱。嗚呼！先器識而後文藝，裴公固已識之矣！

宋楊忱中傳

楊忱中，字德夫，縣之赤岸人。祖昻，字漢卿，登進士第，終通直郎、知分水縣。忱中擢國子監丞，累遷朝請大夫，知蘄州。著《易原》三卷，其言「欲觀八卦生而爲六十四卦，請玩先天圖；欲觀八卦重而爲六十四卦，則《繫辭》《説卦》之所言，康節之極數知來，其妙在於加一倍法〔一〕。孫焯，累官中奉大夫，知南雄州，贈通議大夫。點、樵、煥、炳〔二〕，仕不大顯，與焯俱以文名於時。焯子埴所學尤博，自號芥軒，以蔭補官，累遷奉直大夫、知肇慶府，爵金華縣開國男，食邑三百户。

贊曰：楊氏之學，家傳有自。昴以進士起家，繼登科第，見於先達題名者十有三人。雖仕不大顯，其文學之盛，爲時論所歸。若忱中優於經學，又所謂傑出諸楊者矣。

宋喻良能傳

喻良能，字叔奇。其先居富陽，宋初始遷義烏之香山。父葆光娶黄氏，睦盜起

〔一〕倍，底本原作「陪」，義不協，兹據胡本及《宋元學案補遺》卷七八《張祝諸儒學案補遺·楊先生忱中》改。

〔二〕樵，《崇禎義烏縣志》卷十四《人物傳》作「燋」。

青溪，婦翁以白金千五百兩屬葆光窖藏之。盜平，婦翁亦死。三子俱幼，莫知金所寓，葆光舉而歸之，三子請奉數百兩爲謝。葆光雖貧，力辭弗受，人稱其長者。黄氏脱簪珥，買書延師教其五子，皆有成立。後以良能貴，累贈其父太中大夫、黄氏令人。良能與兄良倚同入太學，又同年登進士第。初補廣德尉，三獲强盜，應賞格，辭不受，調鄱陽丞，遷國子監主簿。進《忠義傳》，起戰國王蠋，止五代孫晟，通一百九十人，乞頒之武學，授之將帥。孝宗嘉歎，顧侍臣曰：「喻良能質實平正。」御書其名于屏間。丁内艱服除，以國子博士召，兼工部郎官，除太常丞兼舊職。請外知處州，尋奉祠而歸，以朝請大夫、義烏縣開國男、食邑三百户致仕。鄉人慕其名，立石表其地，曰「郎官里」。所著有《諸經講義》五卷，《香山集》三十四卷，《家帚編》十五卷，《忠義傳》二十卷。從子不伐、佀演、國衡皆進士，不伐甲科。

良倚，字伯壽，卒官臨海丞。有《唐論》四卷，詩文十卷，《策斷》二卷，《文選補》一卷[一]。

良弼，字季直，太學生，特科，補新喻尉。有《杉堂集》十卷，《樂府》五卷。

宋何恪傳

何恪，字茂恭，縣之官塘人。父檠，多才略。睦寇竊發，詣軍門獻策，主帥楊維忠用其言以取勝。奏補承信郎，監恩州酒[二]，營卒謀爲變，密白郡守而往誅其元惡，釋其詿誤。上功，轉承節郎[三]，神武後軍統制劉光世辟主管本府機宜文字。未踰月，徑歸。每謂人曰：「使吾二子文行有成，勝吾擁使節疏侯封也。」恪與兄恢皆感勵而力學。及同上春官，恪中選。恢欣然曰：「是足以報吾父矣！」遂謝場屋。恪性好古，藏書至萬卷，博覽而工於文。初主永新簿，再調徽州録事參軍。未赴，

〔一〕「補一卷」三字，底本原無，兹據胡本及嘉慶《義烏縣志》卷十五《文苑》載喻良倚事迹補。
〔二〕「酒」字下，胡本有「税」字。
〔三〕郎，底本原作「即」，兹據胡本改。

詣闕上萬言書，進《恢復二十策》。與朝論不合，歸治園築亭，奉母爲樂。俄先母死。所著有《南湖集》二十卷。從孫器、噩。器取進士，終於廣昌丞，善爲古詩。噩亦工詩，有《曲汀集》。

宋陳炳傳

陳炳，字德先，縣之在城人。好古文，務爲奇語。登進士第，爲太平縣主簿，有《易解》五卷，《進卷》五卷，《巖堂雜稿》二十卷。

贊曰：龍川陳亮謂邑士之稱雄者四人。喻良能，於人煦煦有恩意，能使人別去三日，念之不釋，其爲文，精深簡雅，讀之愈久，而意若新。良弼遇人無親疏貴賤，皆與之盡其情〔一〕，其文蔚茂馳騁，蓋將包羅衆體，而一字不苟，讀之亹亹而無厭。何恪目空四海，獨能降意於一世豪傑，而士亦樂親之，其文奇壯精緻，反覆開闔，而卒能自闡其意。陳炳，舉一世不足以當其意，而人亦不願從之游，然其文清

〔一〕「其情」二字，底本原無，兹據胡本補。

新劲麗，要不可少云。

宋徐僑傳

徐僑，字崇甫，其先諸暨人。有祖官吴越，爲常侍，始遷於義烏之龍陵。從學於吕祖謙門人業邽，登淳熙十四年進士第，調上饒主簿，始受業朱熹之門。熹稱其明白剛直，命以「毅」名齋。歷紹興南康司法，皆以憂去。嘉定七年，由嚴州推官考滿差主管刑工部架閣文字，除國子録，召試館職，除秘書省正字，遷校書郎。請外知和州，徙知安慶府。十一年，除提舉江南東路常平茶鹽事，上書極言朝廷時政，請詔大臣「以正己之道正人，憂家之慮憂國，庶幾救安於已危，迓治於將亂」。丞相史彌遠怒，令言者劾罷之。理宗即位，禮部侍郎真德秀奏：「亮直敢言如徐僑者，顧寘之言地。」時史彌遠猶在相位，不報。葛洪、喬行簡代爲請祠，迄不受禄，遂引年告老。紹興六年，朝廷更化，收用老成，落致仕，除直寶謨閣、江東提刑，尋除秘書少監，改太常少卿，屢辭。逾年，始入覲。手疏數千言，皆感憤剴切，上爲竦聽。顧見其衣垢履敝，愀然謂曰：「卿何貧甚耶？」對曰：「臣不貧，陛下乃貧耳。」上曰：「朕何謂貧？」對曰：「陛下國本未建，疆宇日蹙，權幸用事，將帥非材，旱蝗相仍，盜賊並起，經用無藝，帑藏空虛，民困於横歛，軍怨於掊尅，群臣養交而天子孤立，國勢阽危而陛下不悟，臣不貧，陛下乃貧耳。」又言：「女謁閹宦，表裏用事。」帝爲之感動改容，咨嗟太息。明日，手詔罷邊帥之尤無狀者，申儆群臣以朋黨爲之戒，命有司裁節中外浮費，而賜僑金帛甚厚，僑固辭不受。除兼侍講，尋兼權國子祭酒。勸講之際，開陳友愛大義，遂復皇子竑爵。且建言：「子思宜配享孔子，二程子宜列從祀，王安石宜廢勿祀，趙汝愚宜配享寧宗。」帝皆如其請。論王檝使事，僑以既無國書，則非正使，宜館之於外，如晋叔向辭鄭故事。與時宰論不合，力求去。帝諭留甚勤，遷工部侍郎。求去益堅，陞集英殿修撰、提舉佑神觀兼侍讀。僑奏「領祠勸讀乃體貌重臣之殊禮」，力辭不敢當，遂以寶謨閣待制奉祠。卒年七十八，謚文清。所著有《讀易記》三卷，《讀詩記詠》一卷，《雜説》一卷，文集若干卷。子録、鈞、鏄皆傳其家學，以世賞入官。

贊曰：朱子之學，大行於婺，由徐僑與何基始。基承再傳之緒於黄幹，而僑則親承指授於朱子者也。故制行純篤，風節高邁，其立朝剛直，感格君心，實能行所學矣。授以高位而展其志，則天下當被其澤。屢請奉祠，不獲大行。惜哉！

宋傅芷傳

傅芷，字升可，世家縣之雲黄山下。宋初，有名雄者始遷蘆呰。芷六經俱通，尤精於史學，從游之士，户履常滿。登淳熙五年進士第，僅得之台仙居尉〔一〕，未上而卒。有講義及《南園詩文雜稿》二十卷。再從弟珩，字季佩，好學能文，有《松岡類稿》。從曾孫藻，字伯長，受業黄溍，以才行見稱。由本邑校官擢監察御史，遷武昌太守，後超拜河南廉使以終。

〔一〕之，胡本作「天」。

宋王邁傳

王邁，字正叔，縣之鳳林人。通諸經，尤長於《詩》。登第後，需次弋陽尉，諸生爲結廬於龍門山，奉而學焉。淳祐四年，郡守趙汝騰以其經明行修，與何基並薦于朝。基累被召，除崇政殿説書，不受。而邁以有官不召，亦未到官而卒。

宋傅寅傳

傅寅，字同叔，縣之杏溪人。母禱於石姥山而生。幼嗜學經史，百家悉能成誦。比長，益求異書而讀之。間從唐仲友，質疑問難，皆有援據可反覆。仲友喜曰：「吾益友也！」及聞其升陑分陝之説，語門人曰：「職方輿地，盡在同叔腹中矣。」寅於天文、地理、明堂、封建、井田、律曆、兵制之類，世儒置而不講者，靡不窮究根穴，訂其譌繆，號曰「群書百考」。吕大愚閲其《禹貢圖考》曰：「可謂集諸家之大成矣！」黄文叔欲與同列奏補以官，知爲不可屈，乃止。學者因其居，稱之曰

「杏溪先生」。卒年六十八。猶子定，從朱子游。仲子大原，皆世其家學。

宋施郁傳

施郁，字景文〔一〕，縣人。由太學内舍登高第，擢國子博士。從子南一，字與之，咸淳龍飛第六人，官太學博士。與石一鼇、黄溍同時並以文學教授，從遊者以百數，名人科士多出其間。兩施所著有《石氏易互言總論》〔二〕《春秋經傳記要》。

贊曰：淳熙咸淳間，縣之能文章者，唯傅芷、王邁爲盛，而兩施次之。邃於研幾，優於博覽，則寅一人而已。寅之著述，意其必有大異人者。觀唐、吕所推與有足徵焉，今皆亡之，惜哉！

〔一〕景文，《宋元學案補遺》卷七〇《滄洲諸儒學案補遺下·施先生南一》作「景父」。

〔二〕《石氏易互言總論》，此爲石一鼇所著，參本書《元石一鼇傳》，此處誤入。

宋葉由庚傳

葉由庚，字成父，生而口吃，嗜讀書。習《春秋》爲舉子業，試有司不中，遂絶意進取。時徐僑倡明朱熹之學，由庚執經從之，僑授以「中、誠、仁、命、性、心」六字之説。由庚蚤夜磨礪，探窮經旨，驗之於躬行，期凝合而無間。僑謂人曰：「成父從僑最久，静愿無他好，講學意趣殊深，吾道爲有所托矣！」遂以「通」名其齋居，且戒之曰：「心體之流行即天運之流行也，無乎不通，而塞之人其物矣！」由庚佩之終身。金華何基、王柏皆宗於熹學，次第相傳，遠有端緒，皆慕由庚造詣真切，相與貽書辨析，至無虚月。基、柏皆深服其言，嘗謂「古人知行並進，聞一善言，見一善行，未之能行，唯恐有聞。若纏蔽於文字間，待其知至而後行，是終無可行之日也」。人以爲名言。平生不務著書，惟研濂洛諸儒之説以教人，僅有《論語纂遺》若干卷、詩文若干卷、《痻叟自誌》一卷，藏於家。

贊曰：由庚之學得於徐僑，徐僑之學得於考亭，其淵源蓋有自矣。又與何、王二子往來甚密，貽書辨析，然則衍吾邑之道脉者，非由庚而誰？

宋陳鼒傳

陳鼒，字孟容，縣人。志趣高邁，不喜自衒。靖康初，游太學。京城陷，束書東歸，結茅爲屋於雞鳴山之陽。采蔬拾薪以奉其母，而母亦歡然忘其憂。自號静翁。有詩稿五卷。

元劉應龜傳

劉應龜，字元益，縣之青巖人。應龜少恢疏，常落落多大志。宋咸淳間，游太學，馬丞相高其材，將妻以女，應龜不可，由是名稱藉甚。久之，當以優陞解褐，值德祐失國，退隱南山之南，人稱爲山南先生。會使者行部知應龜賢，强起主教鄉邑，始幡然出山即席。更調月泉山長，改正杭學，尋以疾卒。應龜學本經濟，而以簡易爲宗。讀書務識義趣，未嘗牽引破碎以給浮説。至其爲文，雄肆俊拔、飈駛水飛一出於己，無少貶以追世好，世亦未有能好之者。所著有《夢稿》《痴稿》《聽雨留稿》共二十卷。

元傅野傳

傅野，字景文，縣人。博學工文辭，與劉應龜相繼以詩鳴於時。黄溍嘗評其所作「精切整暇，如清江漫流，一碧千里，而魚龍百怪，隱見不常」云。

元陳堯道傳

陳堯道，字景傳，縣人。父希聲，以文學爲後進師。堯道好學不羈，浮游物表，以能詩聲。黄溍稱其詩「涵肆彬蔚，如奇葩珍木，洪纖高下，雜植於名園，終日翫之而不厭」。弟舜道，朝出耕，夜歸讀古人書，薄己而厚物。縉紳稱之，謂可比古之獨行君子云。

元王炎澤傳

王炎澤，字威仲，縣之鳳林人。父濟，景定二年國子免解進士。炎澤少嗜書，稍長，治舉子業，有聲鄉邦。當宋運去物改之後而場屋事廢，因得專意探索聖賢之微旨。家庭所受既得其素，又從徐僑門人傳考亭之學風聲氣，習之所存，感發尤多，而操行愈堅。窮居約處，開門授徒，絶口不言仕進者。久之，部使者起爲東陽、常山兩縣教諭，遷石峽書院山長，所至以善教稱。已而棄官，歸隱於家，學者尊爲南稜先生。炎澤待人一本於誠，言論磊落，無所隱蔽，莫不敬服。爲諸生講説，務推明大義，不事支離穿鑿。爲文簡質而主於理，詩極渾厚而間出奇語，不屑以雕刻求工。所著有《南稜類稿》二十卷。二子：良玉，常山教諭；良珉，義烏訓導。

元石一鰲傳

石一鰲，字晋卿，縣之松山人。宋景定甲子鄉貢進士。少從王世傑得徐僑之端緒，學茂而聲遠。嘗典教邑庠，從學數百人，多取高第，故名愈振。晚年覃思於《易》，著《互言總論》十卷。子子定，善事繼母，以孝稱。

贊曰：當宋之季，神州沉璧。斯時臣民，宜不共戴天，以死國難。不然，葛巾野服，遯跡山林，其殆庶幾矣乎！陳亷、傅野、堯道、舜道，其宋之逸民也歟。應龜、炎澤、一鰲，潛晦弗耀，乃得之矣，爲部使者强主教鄉邑，何耶？

元黄溍傳

黄溍，字晋卿，縣之在城人。母夢大星煜煜然墜于懷，乃有娠，歷二十四月始生。幼俊異，善文，嘗著《吊諸葛武侯辭》。劉應龜見而歎曰：「吾鄉以文鳴者，喻叔奇兄弟耳。此子稍加工，其不與之抗衡乎？」因留受業。登延祐二年進士第，授台州寧海丞，陞諸暨判官，用薦者召爲應奉翰林文字、同知制誥兼國史編修官，轉國子博士，改江浙等處儒學提舉。上「納禄侍親」之請，以秘書少監致仕。未幾，召除翰林直學士、知制誥、同修國史，尋兼經筵官，陞侍講學士，仍兼前職，階中奉大夫。上章求歸田里，不俟報而行。帝聞之，遣使者追還京師，復爲前官。久之，得謝而歸。七年卒，贈中奉大夫、江西等處行中書省參知政事護軍，追封江夏郡公，謚文獻。所著有文集三十卷，筆記〔一〕。子梓，字仲恭，餘姚同知。

贊曰：危素稱溍論著，譬之「澄湖不波，一碧萬頃」，非深知其文者，能若是乎？

元朱震亨傳

朱震亨，字彦修，縣之赤岸人。稟資爽朗，讀書即了大義。爲聲律之賦，刻燭

〔一〕按，「文集三十卷，筆記」，《元史·黄溍傳》作：「所著書，有《日損齋稾》三十三卷、《義烏志》七卷、筆記一卷。」

而成。豪邁俠負。聞許謙承考亭之學，即摳衣至門而師事之。謙爲開明聖賢大旨，震亨心領神悟，抑其疏豪，歸于粹美，不以一毫苟且自恕，而欲見之踐履。嘗應試赴闈，不利，喟然歎曰：「修齊政治皆一理耳，苟能推一家之政以達鄉閭，寧非仕乎？」乃建祠奉祭，講行朱子家禮，屏釋老之教，罷瀆神之祀，持公平以服衆心，排紛難以安閭里，人多德之。俄母病延醫，因自悟曰：「人子而不知醫，或委之庸人，寧無失乎？」於是研究醫學，博求名師，得羅知悌之傳，治症多獲奇效。蓋其理明識精，所學必過乎人。嘗著《宋論》《格致餘論》《局方發揮》《傷寒論辨》《外科精要發揮》《本草衍義補遺》《風水問答》。學者因其所居，稱爲丹溪先生。

贊曰：周宗智修郡志，書震亨隸方技是焉，知震亨者乎？觀其師事許謙，一聞其言，超然領悟，棄任俠之習，趨聖賢之途，不亦豪傑之士哉？

皇明金涓傳

金涓，字德原，縣之在城人。自幼警敏，日記數千言。比長，遂大肆力於經傳。聞許謙承考亭之緒，講道八華山中，乃執經從之。謙語曰：「學者必以五性人倫爲本，以開明心術變化氣質爲先，以爲己爲立心之要，以分辯義利爲處事之制。」德原朝夕惕勵，研究奥旨，體驗踐履，務期脗合。時同門者百數十人，獨稱爲「入室高第」。又嘗受業黄溍，溍見其文辭簡古，奇之。宋濂稱德原「氣雄而言腴，發爲文章，尤雅健有奇氣，不但長於詩而已」。與吴萊、宋濂、王禕、朱廉輩爲友，講索益精，博考洽聞，遂淹貫經史，暨諸子百家之言，靡不及其藴奥。至於古今治亂之源，政治得失之機，偉人傑士閎謀異績，行兵用師决機制勝之要，歷歷布在胸臆，善於指陳而縱横之。是是而非非，使聽者心目爲之廓然。及其乘豪攄興，援筆爲詩文，頃刻千百言不自休，率新麗雄贍，可喜可愕。時胡元入主中國，德原薄其時，嘆曰：「世道如此，雖欲有爲，其可得乎？」遂杜門謝客，以私淑於心者授諸後進，遠邇争趨之。雖虞集、柳貫上章交薦，卒不出。迨及國朝，有司聞其名，屢加薦辟，德原固辭不起，曰：「犧樽青黄，非木所願，孤豚之好，游戲污瀆，且吾髮已種種，焉能馳驅簪組之間哉？」於是厭所居逼市，去縣南蜀山之下青村隱居，以著述自娱焉。學者因稱之曰青村先生。惟撫竹灌花、翫雲弄月。朋舊扣門，輒焚香瀹茗，抵掌劇談，促席對榻連日夜，不盡歡不止。客去，即復閉關不妄出。朱廉撰《青村隱居記》稱爲安貞肥遯之士。所著有文集《湖西稿》《青村稿》，總凡四十卷，散逸無存。行於世僅有遺稿二卷。子存，字思存，從宋濂遊。洪武中，以明經薦授北平布政司參議，爲同寅誣指，謫戍而卒。有文集十六卷。孫伸，字孟高，以太學生知四川富順縣，以廉能名，有詩集十卷。

贊曰：出處之際不亦難哉！是故孔子可以往佛肸之召，子路尚不免於衛，而閔子則善辭焉；龜山之從蔡京薦也，人以爲未可與權。彼皆以聖賢之徒猶有所議，而況後世功名之士乎哉，又況富貴之士乎哉？是故，不罔從人，清修吉士德原之不授薦辟，宋潛溪曰：「爲己功深，可以觀所養矣。」

皇明朱廉傳

朱廉，字伯清，縣之赤岸人。曾祖礿，從徐僑游，精究理學，著《太極演説經世補遺》。祖叔麒，承家傳之懿，見之爲政，歷官同知黄巖、浮梁二州事，以朝列大夫、婺州路總管府治中致仕，號遯山。父同善，字性與，幼承家學，復從許謙講授，研究奥旨。嘗應辟爲兩淮屯府幕屬。未數月，解職歸隱，以所居曰「裕軒」，遂以爲號。廉自少涵濡過庭之訓，刻苦勵志，淹貫經傳，悉領要義。既而學文於黄溍，遂以文章知名。及婺歸國朝之初，知府王宗顯器其材，辟爲郡學師。及浙東行省右丞李曹公文忠開鎮嚴州，尤加禮敬，遂移長釣臺書院。未幾，丁外艱。洪武三年，詔修《元史》、聖朝《日曆》，起爲纂修官。《史》成，拜翰林編修。八年，乘輿巡幸中都，命廉扈駕至滁州。上問：「卿有紀勝之作？」比至中都，進《紀行》十首。上覽而大喜曰：「佳詩！朕爲汝和。」有頃，召廉賜示和六詩，當時以爲榮。既而授經楚府，尋陞長史。久之，兩耳病聵，遂致仕而歸，窮經講誦，探研聖學。嘗取《朱熹語類》，摘其精義，名曰《理學纂言》。其爲文謹嚴精密，有文集一十七卷。子棟，字子建，强記過人，亦以文名。永樂初，薦授國子助教，以疾卒于官。孫曄，字文華，領鄉薦，任無錫縣學訓導。

贊曰：江觀宋濂序《理學纂言》稱，廉能繼朱子之志，而爲孝子。夷考師友淵源，家傳有自，德學充粹，信足徵焉。

皇明樓璉傳

樓璉，字士連，縣之竹山里人。祖有成，字玉汝，習六藝而文。著《學童識字》，吴萊稱精緻可傳，就檄任無爲路學録。父光亨，字景元，從吴萊學。朱濂序其《梅溪詩稿》稱爲「法度之詩」。璉蚤承庭訓，復從朱濂游〔一〕，經學淵邃，文章峻潔，爲同門所推。洪武中，由儒士召授宣寧主簿，歷仁壽大冶，陞藍田知縣，轉廣東道監察御史，以事謫戍雲南洱海。有《居夷集》五卷。用薦召陞翰林侍讀，尋卒于官。

贊曰：有成、光亨爲世通儒，而璉蔚有祖、父風，奕世載美，可謂克搆者矣！

〔一〕按，「復從朱濂游」，《明史》卷一四一《樓璉傳》載「璉，金華人，嘗從宋濂學」，《宋元學案補遺》卷八十二《北山四先生學案補遺·侍郎樓先生璉》載「嘗從宋景濂學」，宋濂，字景濂，疑此處「朱濂」當作「宋濂」。

皇明王紳傳

王紳，字仲縉，幼孤，鞠於其兄綬。聰敏好學，承家傳之懿，從學於宋濂。濂教爲文章，即能馳騁變化，議論鑿鑿，出入人表。濂器之曰：「吾友王待制其有後乎！」紳事母盡孝，及卒，哀毀踰禮。未幾，綬亦歿，煢然單居。然其文辭亦著稱於時，蜀王聞其名，聘至藩府，行以賓禮。紳念父禕持節死雲南，遠在萬里外，乃請於王，乞往求遺殖。王憫而貲其行。既至，訪求不獲，遂於死所立木主，號慟奠祭，聞者泣下。有《滇南慟哭記》以著志。既還，王禮遇之益至。未幾，以文行薦於朝，召爲國子博士，宏經講解，六館翕然。俄得疾，卒於官，年四十有一。所著有《繼志齋文集》三十卷行於世。

皇明王稌傳

王稌，字叔豐。自幼潛心勉學，博覽群書。侍父入蜀，游學京師。父歿，扶柩歸葬。終喪，復登名儒之門，以卒所業。文詞稱於士林。永樂中，嘗預修郡邑志，以病聵不仕。號聵樵，所著有《青巖類稿》。

皇明王汶傳

王汶，字允達，少孤。思繼家學，讀書極勤苦。素貧，能守道自樂。登成化戊戌進士第。嘗上疏乞就郡教授，奉忠文公祀，不遂，乃授中書舍人。守正不阿，甫三載，見有進不以道者，恥與爲伍，遂謝病歸。築精舍齊山下，取累世所積書讀之，若將終身焉。弘治改元，兵部主事婁性、都御史虞瑶交薦於朝，遂與翰林檢討陳獻章同被召。汶猶力辭，侍講學士謝鐸、祭酒章懋勉之行。逾年，始就道。至淮，病偶增劇，未抵京師五十里，卒。因所居齊山，學者稱之曰齊山先生。所著有《齊山文集》若干卷，藏於家。子俯，字彦高，太學生。

贊曰：君子謂「國朝文獻，金華爲盛」，王氏於金華爲尤盛。蓋禕之文章節操關天下休明之治，而繼志闡善如紳之文，豐蔚雅贍，非適爲鄉里之望？若稌之孝義清白，不失世守，所著又和雅沖淡，粹然不戾乎正。而汶亦世濟其美，豈獨一家之範而已哉？韓愈曰：莫爲於前，雖美勿彰；莫爲於後，雖盛不傳。王氏有焉。

附録

明嘉靖刻本卷末題記〔一〕

義烏人物記二卷浙江范懋柱家天一閣藏本，明金江撰。江字孔殷，義烏人。是書成於嘉靖乙未，取史傳地志及諸家文集中所載義烏名人，各爲之傳贊。所載凡四十七人，分忠義、孝友、政事、文學四類，蓋全倣宋濂《浦陽人物記》例，而敘述過於簡略，不及濂書博贍也。

〔一〕此題記篇名，底本原無，爲整理者所加。

胡宗楙校刻本題記〔一〕

明嘉靖乙未，義烏金江撰《義烏人物記》二卷，上卷忠義、孝友、政事，下卷文學，凡四十有七人。所引諸書爲史書、郡志、《名臣言行録》《十七史詳節》《敬鄉録》《賢達傳》、文集各種，其體例悉倣宋濂《浦陽人物記》，《四庫》已著録，《善本書室藏書志》亦列入乙部，此即杭州丁氏鈔贈本。季樵胡宗楙。

〔一〕此題記篇名，胡本原無，爲整理者所加。

義烏兵事紀略

目録

整理説明

《義烏兵事紀略》一卷，近人黄侗著，書成於民國二十一年（一九三二）。黄侗（一八七三—一九三九），字曉城，號無知氏，浙江義烏人。同盟會會員。歷任浙江省議會議員、浙江省統税局長、浙江省會警察局秘書。一九二二年金華大水，任華洋義賑會委員，調查災情，辦理救災事宜甚勤。

《義烏兵事紀略》文前録序文三篇，分别爲桐城章松年、青田徐體乾和義烏樓炳文所撰。正文按時代順序，記録義烏宋、元、明、清四代所發生的兵革之亂，仿紀事本末之例，起於北宋末方臘之亂，迄於清咸豐間太平軍之刼，或徵之史籍，或訪諸遺老，不僅系統梳理了義烏歷代兵事變革，而且補充了許多正史缺載的史料。凡史志所諱而不書者，與書焉；不實不盡者，爲之旁徵博引，以證明其事。清嘉慶以後的許多史實，因方志欠收，此書之記載顯得彌足珍貴，尤其是對於太平天國事件的描寫。太平軍在浙江省内先後佔據江山、常山、壽昌、龍游、湯溪、金華、義烏、浦江、東陽乃至杭州等地，因當時太平軍在義烏作久居計，因此此地歷時猶爲長久。本書的描寫爲當時的歷史現實提供了詳細的資料，如書中寫太平軍「不敬鬼神，不祀祖宗，以人民爲妖物，呼長官爲妖頭，以殺人爲殺妖」；又因太平軍不剃髮，民衆稱之爲「長毛」或「髮匪」；太平軍的首領，「首裹紅巾，身披黄褂」，因清王朝屬水，官服軍服俱爲黑色，太平軍用紅黄色，五行屬土，正是相信水來土掩，以顔色的對立顯示對清王朝的不滿與反抗。同時文中提到太平軍「其正朔襲用西曆，但亦似是而非。聚賊衆演説，名曰講道理蓋即西俗禮拜」。顯然是太平軍受西方基督教的影響，以做禮拜的方式進行聚衆演説的史實。而太平軍所到之處「殘害良善，折辱縉紳，無所不至」的種種細節描寫，無不是太平天國運動歷史研究的第一手重要史料，連「點天燈」這樣的酷刑，也因廣泛實施，而在文中有詳細記載。透過這些文字，義烏及浙省民衆所受之災呼之欲出，這些都是學界，特别是近代史與太平天國史的重要史料，值得歷史研究者關注。書末附義烏鄉先生詩詞以佐其事，這些詩詞的作者都是戰爭親歷者，親眼目睹了戰爭對人民的折磨，對城市的毁損，對生活的影響，因此與平安歲月裏詩詞的風花雪月、歌功頌德不同，這些作品字字泣血，句句含淚，可以稱得上是太平天國戰史的實録。

一九八〇年臺北文海出版社《近代中國史料叢刊續編》第七十六輯影印出版了石古山房鉛印本，書末配有刊誤表，本次整理即以此本爲底本。由于整理者知識水平有限，且點校時間匆迫，書中點校難免有不當之處，敬希讀者批評指正。

序一

民國十九年，余奉檄權義烏。甫下車，即知有黄紳曉城者，畜道德，能文章，邑人多所傾慕。旋以久客武林，未獲瞻仰，遂置之。今春二月，聞其挈眷旋里，造廬訪問，覺言論丰采迥異恒流，不失爲是邦翹楚。惟其人略有崖岸，非公事不入偃室，蓋有古澹臺氏之風。

月之上旬，翩然過我，把晤之頃，出其所輯《義烏兵事紀略》一書，囑余爲序。余受而讀之，知上起北宋，下迄有清，凡歷代兵事之與義烏有關者，無不備載。蓋義烏志書年久失修，自前清嘉慶以來，邑中屢遭兵燹，未有記載；即嘉慶以前舊志所收，每多掛漏。是編叙述詳明，考訂精確，上可補舊志之缺略，下可爲新志之權輿，誠此邦不可少之書也。

或曰：一邑之中，六官並重，兵刑錢穀，何事不可記？今獨以兵事爲言，毋乃狹隘？殊不知治國之道，首在安民。地方不寧，干戈並起，人民將救死不暇，尚何興革之足言？余奉命守土，於今三年，國家新政迭頒，固已推行盡力，而團防保甲勤加訓練，不敢稍懈於一息者，亦正慮夫武備不修，必不足以言文治也。黄紳學富五車，才高八斗，其著述何止於此，而乃兢兢焉。惟兵事之是記，蓋欲其書一出，俾當世士夫之見之者知所儆惕。前車在望，後事可師。思患預防，綢繆未雨，非僅如趙括、馬謖之紙上空談已也。

黄紳年屆六旬，精神矍鑠，邑人士欲爲稱壽，皆峻拒。惟是編急於付印，并擬分贈諸友以爲紀念，余甚嘉之。蓋人生不滿百年，生既無裨於人，死又無傳於後，縱壽臻耄耋，奚啻虚生？黄紳以是編傳世，壽固無量，名亦不朽，正不必假稱觴祝嘏以爲樂也。

是爲序。

民國二十有一年十一月

義烏縣縣長桐城章松年柏如甫拜撰

序二

黄曉城先生以所著《義烏兵事紀略》一書示余，屬爲序其端。余受而讀之，服其善叙事理，簡而賅，直而核，信良史之才也。其述洪、楊時義烏西南二鄉忠義之士捍禦鄉里之勤，與夫殺敵攻守之奇，則雖左氏之善談兵者，亦蔑過焉。至東陽諸生許都磊落瑰奇，任俠自喜，固一時之傑也。嘗思奮而自效，國家不能用其才，卒令叛誅。餘黨散漫流毒於東陽、義烏二邑間，亘十數年不可爬梳。先生爲論，特深惜之，則又與史遷之傳游俠同，而用意較之尤遠矣。

嗟乎，使天民之尤者，皆得以自見其才，則天下之亂，將無由作，而生民之禍，亦可免矣！世之在上位之君子得先生此書而覽之，其有所感乎，其無所感乎？

民國二十一年十一月

義烏縣法院院長青田徐體乾謹序

序 三

余友黄子曉城，久客武林，負時名。間從袞袞諸公遊，冀得當以報國。既而見微知著，嘆身世之相鑿枘也，乃收視返聽，頗思有所述造，以自見於後世。于是，而多病之身饒有閉户著書之歲月矣。客冬避難旋里過我時，自言衰病餘閒，曾爲先文獻公撰年譜，并輯有《義烏兵事紀略》一書，均次第脱稿。爲嘆慕者久之，然未獲見其書也。

今秋重九後三日，忽命其猶子昌熾送所輯《兵事紀略》來，亟發而讀之。自宋而元，而明而清，起睦寇之陷婺，訖粤匪之蹂躪吾烏，其間計凡二十四則，二萬四千餘言，都爲一册。每則綱舉目張，凡嘉慶志所諱而不書，與書焉；而有不實不盡者，則爲之旁徵博引，以證明其事。細味之，但覺其詳略適中，本末條貫，凡所叙述，莫不犂然有當于余心。間加結論以發揮己意，其所尤感慨係之者，如論張許輩時事，真足破腐儒井蛙之見，而平千古英雄之氣。無知氏其深得史遷遺意者歟！至末附鄉先生詩詞，存其詩以存其事，亦自爲不可少者。

嗟夫！曩者當道議修《浙江通志》暨《義烏邑志》，余前後奉委採訪，于兵事一門亦略思留意，而囿于見聞，迫于時日，草草應命，貽挂一漏萬之譏。視黄子所輯，蓋天淵矣。而來書自視欿然，且索余序，其秪增余羞澀也哉！

中國民國二十又一年秋九月

世愚弟樓炳文謹序

題詞

六十述懷

少壯功名願莫償，中年哀樂夢荒唐。鬢邊已見千絲白，膝下纔添兩口黃。四海浪遊空負腹，萬方多難始還鄉。分明老圃秋容淡，敢信黄花晚節香。

壬申九月三日無知道人口占

自題小照

元龍豪氣盡銷除，畢竟今吾遜故吾。時事日非人漸老，鏡中無復好頭顱。

冬十月七日拍影，曉城

滿江紅

誰寇誰王，論成敗、不論功業。休藉口，西周伐紂，南巢放桀。草澤英雄隨處起，侯門仁義臨時竊。四千年，堯舜不重來，空追憶。偉人出，小民劫；風雲變，鬼神泣。痛河山破碎，乾坤改色。一襲黄袍纔到手，萬家白骨先成雪。問何人，灑淚紀興亡，尼山筆。

壬申八月無知道人自題

書成再題

饑驅寒迫牛馬走，大好朱顔成白首。老來無用歲月閒，一編珍重千金帚。

例言

一、義烏在萬山中，非用武之地，本無兵事可言。然歷代以來，凡規浙江者，必先争衢嚴，次及金華，以其地爲上游故也。我義烏即爲通上游之間道，故大軍往來、潰卒奔竄，趨捷徑者，在所必經。

二、兵事之興，或關全國，或涉數省，或牽動數郡，決非一鄉一邑之事也。是編仿紀事本末例，於本邑兵事外，略叙前後起訖，俾閲者知當時大勢。

三、兵革之亂莫甚於五季，而吾邑版圖隸於吴越，頗稱安謐，偶有小亂，亦旋起旋滅，無關重輕。故是編始於宋，迄於清，宋以前文獻亦無徵矣。

四、是編於紀載兵事外，間及忠臣、義士、孝子、節婦殉難事蹟。非表揚也，以一代兵燹，無書可徵，惟忠孝節義，各列傳中略有叙述，故借此以證明耳。閲者勿誚其掛漏。

五、粤匪入寇，屠殺之慘，亘古所無。吾鄉百里提封，幾成赤地。事平而後，痛定思痛，在身受者見聞較切，應有詳悉記載，以示來兹。乃自咸豐辛酉以來，縣志既未重修，私家又鮮著述，遂使彌天浩劫日久遺忘。此非吾黨之過歟？庸敢彙採羣書，訪問故老，苟爲事實所在，無不筆之於書，未敢浮誇，亦不喜苟簡，俾後之閲者有所徵信云。

六、卷末附録詩詞，非好文也，以洪、楊之亂，無專書紀載，僅於諸先達詩文稿中散見一二。故雖片紙隻字，凡有關於粤匪者，必盡録之，以當詩史。惟朱竹卿詩謂辛酉九月陷義烏，樓芸皋詞謂辛酉五月廿五日破金華，未免有誤，本編已别爲考正。餘皆原文，不敢妄竄一字。

義烏兵事紀略

宋

宣和三年辛丑，睦寇方臘陷婺州。見《金華光緒志》。諸屬邑先後從亂。見《東陽道光志》。

方臘，睦州青溪人，今嚴州淳安縣。世居縣之堨村，託左道以惑衆。縣境梓桐、幫源諸洞皆山谷幽險處，民物繁夥，有漆楮杉材之饒，富商巨賈多往來。臘有漆園，爲造作局所酷取。時徽宗無道，蔡京父子用事。嘗征花石於民，蘇杭設造作局，以朱勔爲提舉。臘怨之而未敢發。時吴中困於花石之擾，比屋致怨。臘因民勿忍，陰結貧乏游手之徒，以誅朱勔爲名，遂作亂。不旬日，聚衆數十萬。於宣和二年十一月朔戊戊，起兵陷青溪。見《宋史》。三年正月二十八日，陷蘭谿，見《蘭谿光緒志》。同日陷婺州。見《金華光緒志》。

義烏何時陷無考。時有邑人趙權者，以才氣自喜，詣大將楊維忠，請獨當所居永寧鄉一面，而以官軍分布縣東、西、南三鄉，連破青口、光明、上青諸洞，生擒其洞主。乃令鄉里協力固守北鄙，而已則部署槍杖手四出殺賊。事平，安撫使劉韐上其功於朝，補迪功郎，充本縣尉。何槼亦詣楊維忠獻策平寇。吴圭自京師還，聞青溪寇陷杭州，轉由海道歸。距家僅一舍，爲寇所殺。見《嘉慶志》。浦陽梅節愍公誌其墓云：宣和二年冬，圭待次京師，聞青溪盜日熾，亟命舟東歸。曰：「吾鄉有申屠大防者，强力絶人，少習爲儒，不得志去，習武藝而精。平居飲酣，無所施其勇，動數近刑，輒幸得脱。圭實遇之，歸致此人，盜不足平矣。」時大防方馳保圭家，自言當殺身以報圭恩，而圭弟待之不以禮，因謝去。自遮護其所居左右鄉，盜無一敢近。既而破滅數十洞，殺獲不可勝計。苟使圭在鄉里不出，出而亟歸，必大捐金收召武勇，而得屠爲之倡威著，遠近盜必不敢窺，婺守令必不逸，他盜必不起矣。按，申屠大防，東陽人，精戕法。嘗爲僞遁，誘人追之，背手取馘，其捷如神。時奉命權東陽縣事，擒方臘黨女寇某仙姑。事見《東陽道光志》。

雙林鄉寶林禪寺爲傅大士道場，在江南稱大叢林，有佛殿、僧舍千餘楹，至是被焚。見《嘉慶志》。

是年三月，朝廷命童貫、譚稹率兵討之。前鋒至清河堰。臘遁還青溪幫源洞，衆尚二十萬，與官兵力戰而敗，深踞巖洞。諸將莫知所入。王淵裨將韓世忠潛行溪谷，問野婦得徑，即挺身仗戈直擣其穴，格殺數十人。庚寅，擒臘出。時忠州防禦使辛興宗鎮兵截洞口，掠爲己功。《宣和遺事》謂爲王章及辛嗣宗、楊維忠所擒。

臘之亂，凡破六州金、衢、嚴、處、杭、歙五十二縣，戕平民二百餘萬。所掠婦女自賊洞逃出，裸而縊於林中者，相望百餘里。見《宋史》。

無知氏曰：方臘之亂，雖震動一時，而義烏遭難否，史無明文。今考志乘，賊黨之盤踞，官兵之布防，民團之自衛，聞人之被殺，叢林之焚燬，則其紛擾情形已可概見。史稱婦女被擄，縊死林中，相望百餘里；平民被戕，幾二百萬。吾鄉去睦不遠，其能免耶？惟紀載無專書，時過境遷，遂亦惄然忘之矣。悲夫！

德祐二年丙子，元兵過境。

德祐間，元兵下臨安，浙東諸郡以次陷没。永康章堉與其弟暨，傾家募忠勇，得義兵數千，收復婺城。制置使李鈺以聞，授堉直秘閣。元兵大至，迎戰於丁鼠山，援絶城陷，堉與暨皆死。又東陽胡德廣募忠勇嬰城固守。婺州破，元兵及境，德廣迎戰，被獲，不屈死。妻朱氏自刎。見《徵獻略·本傳》。元兵自婺州趨東陽，非經義烏不可，雖史無明文，亦書之。

無知氏曰：元兵南下，入境與否，雖不可考。而《王忠文集·喻氏家傳》謂喻母石氏於元兵南下亂離之際，以白金千餘兩窖藏之。則元兵入境已有明徵，而邑乘絶無紀載。忘之耶，抑諱之耶？蓋臨安既陷，崖山未没，趙氏遺裔節節南退，由浙而閩，由閩而粤，而蒙古兵亦復步步南進。吾鄉既爲上游間道，蹂躪之禍，其能免耶？惟元祖既已定鼎，吾邑亦歸版圖，修志書者恐犯忌諱，不敢直書耳。然歷代志乘不足憑信，類如此。

元

至元二十六年己丑三月庚辰朔，台州賊楊鎮龍寇東陽、義烏，浙東大震。諸王昂吉爾岱時謫婺州，率兵討平之。見《金華光緒志》。

楊鎮龍，寧海人。嘯聚台州。與東陽玉山接界，踞爲巢穴，自稱大興國。破東陽，焚燒廬室殆盡。繼趨義烏，猝與官兵遇，不戰而潰。執鎮龍，殺之。見《東陽道光志》及《先民傳》。

邑人喻高家素豐，篤友于。鎮龍入寇，家人咸逃匿山中，會母與兄相繼死，殯在堂，高徬徨不忍去，號哭竟日，夜乃斂金帛置兩柩旁。寇至，奉以爲質，告之曰：「吾所以不懼死而惜此者，丐以全死者耳。」情詞懇切，寇相顧駭愕，勿爲取，且以善言撫慰之而去。人與柩皆無恙，而金帛固在，莫知何以致然也。見《嘉慶志·喻高傳》。

又朱環女，名壽，金華戚象祖妻。鎮龍反，攻婺州，爲浙東宣慰使史弼捕獲，人名與《金華志》不同，俟考〔一〕。鞫其反狀。時環有亡奴在械中，怨環，欲誣環出資助鎮龍。吏怒寇甚，凡獄詞所引，必盡殺乃止。環子元，疾病不能起，視壽泣。壽曰：「昔緹縈能救父命，我獨非人耶？」乃走告法曹馮耿賢曰：「妾父無罪，亡奴欲誣以不道。倘事不得直，一家枉作泉下鬼。聞君素長者，獨不能相活乎？」言訖，淚如雨。馮怒曰：「此事豈汝女子所知？」壽祈益切，馮爲惻然，良久曰：「爾但歸，吾知所處矣。」明日使吏椎碎奴口，不果誣。見《宋濂集》及《嘉慶志》。

至正十四年甲午，土寇竊發，縣治燬。見《嘉慶志》。

至正間，里中豪猾徐甲嘯聚爲亂，縱火焚縣治，剽掠村落，勢甚張。邑人丁廷玉散家資，率民兵捕斬之，鄉里賴以安。事聞，授武義縣教諭。見《嘉慶志》。按《先民傳》：丁廷玉受業於石一鼇之門，武義縣醫學教諭，卒年七十餘。

〔一〕按，《元史·世祖紀十三》：「婺州永康、東陽，處州縉雲賊呂重二、楊元六等反，浙東宣慰使史弼禽斬之。」又《元史·史弼傳》：「史弼，字君佐，一名塔剌渾。蠡州博野人……二十六年，平台州盜楊鎮龍，拜尚書左丞，行淮東宣慰使。」皆作史弼，此處無誤。

十八年戊戌十二月甲申，明太祖下婺州。先令胡大海取蘭谿，陷浦江，己乃親提師旅從義烏入。《嘉慶志》稱太祖兵從義烏入，無考。

明兵入浙，李文忠[一]、胡大海、鄧愈先取建德，三月丙辰，改建德路爲嚴州府。次取浦江，六月癸酉。次取蘭谿。十月辛未。據《蘭谿光緒志》爲壬午，與《元史》不合[二]。十一月甲子，太祖以胡大海兵圍婺州，久不克，乃自將親軍十萬來攻。自建康來。十二月甲申，破之。改婺州路爲寧越府，以王宗顯知府事。禁軍士剽掠，開郡學，延宿儒，葉儀、宋濂爲五經師，戴良爲學正，吴沉、徐厚爲訓導[三]，許元、葉瓚[四]、胡翰、汪仲山等皆被徵。

〔一〕按，底本「李文忠」「朱文忠」間出，《明史》卷一二六《李文忠傳》：「李文忠，字思本，小字保兒……太祖見保兒，喜甚，撫以爲子，令從己姓。」可知二者爲一人，今統一作「李文忠」。

〔二〕按，《元史·順帝紀八》：「冬十月丙寅朔，詔豫王阿剌忒納失里徙居白海，尋還六盤。壬申，大明兵取蘭溪州。」清嵇璜《續通志》（清文淵閣《四庫全書》本）卷七十《元紀》亦云：「冬十月壬申，朱元璋取蘭溪州。」疑當作「壬申」爲是。

〔三〕徐厚，據《宋元學案》卷八十二《訓導徐先生原》條，「徐厚」疑當作「徐原」。

〔四〕葉瓚，據《明史》卷一三七《吴沉傳》，「葉瓚」疑當作「葉瓚玉」。

時張士誠兵據諸暨。十九年正月戊戌，胡大海攻諸暨，萬户沈勝以衆降。改諸暨州爲諸全州，以謝再興守之。四月癸酉，胡大海攻紹興，軍至蔣家渡，遇張士誠兵，擊敗之。見《元史》。

先是邑人王仁集鄉人保縣境，吴文秀壘石爲砦保鄉里，迨明兵攻紹興，取會稽，先後從征。又王威與其弟永和、益之率衆從戰，有功，後封武定侯。見《嘉慶志》本傳，惟年月與史不合。邑人從征當在十九年正月，而本傳皆作十八年。

賈明善妻宋氏，名嫈，宋濂女弟。聞西兵擣蘭谿，與其夫避浦江城竇山中。未幾，鄉民嘯聚倡亂殺人。亡匿灌莽中，爲游隊所得〔一〕，抽銀條求脱，不得，將亂之，因以計紿至深潭側，躍入死。時戊戌十一月十四日也。見《嘉慶志》。《宋濂集》同。時張士誠稱吴王，明太祖稱吴國公，時人謂士誠爲東吴，太祖爲西吴。濂爲女弟作傳，諱言明兵亂，故稱西兵云。

〔一〕游隊，《嘉慶義烏縣志》同，宋濂《宋列婦傳》（《宋文憲公全集》卷四九）作「游卒」。

二十二年壬寅三月，張士誠弟士信率兵圍諸暨，守將謝再興告急於嚴州。李文忠使諜者揭榜於義烏古朴嶺，揚言徐達、邵榮領大軍至嚴州，尅日進擊。士信兵見之，果驚，謀夜遁。見《元史》。古朴嶺當爲布穀嶺之訛，俗稱鵓鴣嶺，與浦江近。

先是，金華守將胡大海爲叛苗蔣英等所殺，士誠聞之，遣其弟士信率兵萬餘圍諸暨，爲謝再興擊敗。士信憤，益兵攻城。再興慮不能支，告急於浙東行省右丞李文忠。時金華叛寇初定，而嚴州逼近敵境，張士信踞杭州。處州又爲叛苗所據。文忠自度兵少不能應援，聞邵榮將至〔一〕，太祖命邵榮平處州。乃與都事史炳謀曰：「兵法先聲而後實，今諸全被圍日久，寇勢益盛，而我軍少，非謀不足以制之。今邵平章來討處州，宜借以張聲勢，亦制寇一奇也。」乃揚言徐達、邵榮領大軍至嚴州，尅日進擊，使諜者揭榜於義烏古朴嶺。士信兵見之，果驚，謀夜遁。時爲同簽胡德濟覘知，德濟，大海養子。密與再興謀。癸丑，發壯士開門出擊，大敗之。見《元史》。

無知氏曰：明太祖下婺州，延宿儒，設郡學，宋濂、王禕等皆被召，開國之初

〔一〕邵榮，底本原作「邵縈」，誤，茲據《元史》及上下文改。

即重文教，識者知其帝業必成也。殊不知張士誠在吴中禮賢下士，不亞於太祖。破諸暨，即召楊維楨至幕府，禮遇備至。惟維楨尚風骨，不樂就，且賦詩諷刺，謂其「屢受元室之賜，仍懷異志，於人爲負情」。而士誠優禮如故，其度量恢宏有如此。若遇太祖，則維楨之頭不在頸上矣。觀太祖定鼎後，竄宋濂於茂州，死王禕於滇南，殺蘇伯衡父子。此四公皆吾婺人，故書之。其他無故被殺者，何可以數計。其刻薄寡恩，殘暴不仁，雖桀紂不是過。乃天有私覆，地有私載，一成一敗，王寇異名，吾爲太祖幸，不能不爲士誠惜焉！昔太史公爲項羽作本紀，史家無此例，而馬遷竟爲之，夫亦有痛心於其間歟？

二十三年癸卯九月，明諸暨守將謝再興叛，降張士誠，以兵寇東陽。壬午，李文忠自嚴州驅鋭卒，遇於義烏，擊敗之。見《東陽道光志》。本邑《嘉慶志》稱謝再興據義烏，不合。

先是謝再興守諸暨，用左總管、麋萬户二人爲腹心。二人常使人販鬻於杭州。太祖知其陰洩機務，擒二人，誅之。召再興赴建康，而以李夢庚總制諸全軍馬。太祖以再興長女妻兄子文正，幼女適徐達，恩義甚厚，因命還守諸全。再興以夢庚處己上，憤憤不樂，遂叛。殺知州欒鳳，執李夢庚、陳元剛等奔紹興，降於張士誠。九月，以士誠兵犯東陽，左丞李文忠率兵禦之，部將夏子實、郎中胡深爲前鋒，與其兵遇於義烏。戰方接，文忠自將精兵橫出其後擊之，再興大敗遁還。胡深因建策以諸暨爲浙東屏藩，諸暨不守，則衢不能支，請去諸暨五十里，於五指山下築城，分兵戍守〔一〕。文忠從之。未幾，士誠將李伯昇大舉來寇，兵號六十萬，頓於城下。城堅不可拔，乃引去。見《元史》。按，《浦江光緒志》稱諸全新城在界牌下。

二十五年乙巳二月，張士誠將李伯昇，挾明叛將謝再興，圍攻諸暨之新城。守將胡德濟告急於嚴州。李文忠率兵抵義烏，據龍潭擊敗之。按，龍潭當爲龍潭口，在北鄉大陳村，與浦江連界。

二月丙子，張士誠憤諸暨之敗，集兵二十萬，遣其將李伯昇，挾明叛將謝再興

〔一〕戍守，底本原作「戌守」，「戍」「戌」二字形近易誤，今改。

攻諸暨之新城。置陣延亘數十里，造廬舍、建倉庫，預爲必拔之計。且分兵數萬，據城北十里，以遏援兵。守將胡德濟堅壁拒之，告急於嚴州李文忠。文忠遣指揮張斌、元帥張俊率兵出浦江，遥爲德濟聲援。士誠又以兵自桐廬溯釣臺窺嚴州。文忠命以舟師拒之。未至，而千户謝佑爲其伏兵所執，諸將皆恐甚。文忠意氣自若，分署諸將各爲備禦，以何世明、袁洪、柴虎居守，自率指揮朱亮祖等馳救。見《元史》。甲寅至浦江，丁巳抵義烏之龍潭。去敵營不二十里，因據其險。忽有白氣自東北經天，三軍見之，勇氣百倍。日且晡，軍中驚言寇將至，文忠不爲動。夜四鼓，城中知有援至，潛縋士卒，約明旦空壁逆戰。戊午，蓐食已，文忠分諸將爲左右翼，自將中軍。既成列，會胡深復率兵自處州至，軍氣益振。文忠乃令曰：「師之勝負在曲直，不在多寡。我國何負於叛人，而挾之日夜以生變？癸卯之秋九月壬午，直犯我東陽。吾不敢愛其生，晝夜兼行，殄之於烏傷，爾三軍之所親覩。皇天助順，不可誣也。今寇又不改行，盡驅其衆以擾我邊疆。占書云：軍中見白氣者，克敵之象。此殆天欲滅此寇也。爾等尚効死斬刺以報國家。」語始畢，敵整圓陣而至。兵既接，文忠乘匹馬挺身先入，陷其中軍。中軍，敵之精鋭所萃，見文忠至，競來迫之，槍屨及其膝。文忠馬上運戟，捷如風雨，當其鋒者，應手而仆。左右翼及諸軍一齊奮擊，聲震天地，敵軍大亂。乘勝逐北，斬首如刈麻。德濟亦率精甲出圍城，合擊之。伯昇、再興僅以身免。三月己未凱旋，辛酉還嚴州。見《宋濂集・李文忠武功記》。

按，諸暨自再興叛後，閤境已爲士誠所有。明之諸暨，實在浦江境内；五指山下之新城，士誠與明兵大戰，當在義烏北鄉左近。《資治通鑑》不明當時形勢〔一〕，將義烏地名删去，實爲失考。宋文憲久居浦江，且已被徵，其言較爲可信。

無知氏曰：明太祖雖起兵江北，雄據金陵，而後方根本轉在皖南與浙東。若浙東不穩，皖南可危；皖南動摇，建康不守。而浙東形勢與敵接壤者，水道在桐廬，陸路在諸暨。今諸暨既叛，則義烏、浦江爲其重要門户，故胡深請築新城於浦江邊境，李文忠兩次頓兵義烏，并力死戰，誠以此着一失，滿盤皆錯，王業非所有矣！惟我義烏當時有此大戰，人心之驚惶，地方之騷亂，概可想見。而邑乘絶無紀載，

〔一〕《資治通鑑》，當作《續資治通鑑》，此事見載於《續資治通鑑》卷二一八・元紀三十六・順帝至正二十五年二月丙午下。

不有宋文憲之《武功記》，安知吾鄉當日有此大恐怖哉？

明

洪武初，山寇竊發，邑人陳道益獨己資募丁壯七八百人禦之，寇望風遁。見《嘉慶志·陳道益傳》。

無知氏曰：元末明初處州、縉雲、青田盜賊蠭起，首當其衝者爲永康、東陽、武義。元將邁里古思自紹興移師至東陽，時王忠文禕在戎幕爲記室。以別將徇永康，擊敗之。邑人王威與其弟永和益之率民兵赴永康助戰，破賊於黃龍寨。吴仁、吴文秀皆集團勇保衛鄉里。陳道益之募兵禦寇，當在此時。此爲至正十七年事也。明年戊戌，明兵下婺州。金、衢、嚴、處四府屬太祖，杭、嘉、湖、紹四府屬張士誠〔一〕，温、台、慶源今寧波三府，爲海盜方國珍所據。是時中原無主，天下大亂，羣雄並

〔一〕張士誠，底本原作「張土誠」，據上下文及史實改。下文如有同者，皆作徑改，不再一一出注。

起，各僭僞號。而明太祖僅稱吴國公，奉韓林兒爲主，以龍鳳紀年。無所爲洪武也。《嘉慶志》稱洪武初，失考。

正統十四年己巳，處州賊葉宗留黨陶得二、葉寧八入寇。

葉宗留，處州宣慈鄉人，本不法礦徒，恐官收捕，因聚衆倡亂。推陳鑑湖爲首，陶得二爲輔，率衆數千流擾郡邑，號太平國，建元曰泰定。於正統十三年十月，分劫青田、松陽、武義、永康、金華、蘭谿等縣。按察副使陶成率兵至蘭谿，斬數百人，並築寨於蘇村大巖山口防之。見金華、蘭谿《光緒志》。十四年，得二寇東陽，官吏遁走，民多殺傷，縣丞田某戰死。見《東陽道光志》。得二與葉寧八寇義烏，所過抄掠無遺。邑人黄静妻華氏將避亂，遇寇於道，義不受辱，投水死。鄭經妻舒氏爲賊所擄，入夜乘間潛出寨門，以羅巾自縊，家人收尸，顔色如生。賊平後四年，鄉人藍汝耕夜經氏葬處，見一少婦出室迎迓，曰：「妾舒氏之女，鄭門之婦，與君居同鄉，爲狂賊所擄，恐罹污辱，乃自經，兹抱恨泉壤四年矣！上帝以妾貞烈，命爲雷府侍書，奈衷悃未舒，煩君將書致姑嫜耳。」附書訖，更貽玉簪一雙。汝耕過鄭氏，呈書物，且悉其故。其姑嫜泣視之，果亡婦手札舊簪也。《嘉慶志》《徵獻略》皆本《西樵野記》。得二、寧八裹脅既衆，蹂躪尤甚。**惟經永寧鄉朱文完家，曰：「此長者。」朱演三官之閭，相戒勿犯。合境賴安。**見《嘉慶志》。**景泰元年二月，都御史張楷、都督徐恭移師討之，得二死，鑑湖就撫，寇平。**互參金華、東陽二志。**邑人吴畿以官軍平寇有功，出己資犒師。**見《嘉慶志》，惟吴畿犒師在十四年，而寇平在景泰元年，微不合。

成化初，巖下口丐民作亂，朱思濂單騎平之。

巖下口丐民聚衆遍劫村落。金、衢兵道某公親臨本邑，訪能擒賊者，衆舉朱思濂即朱文完孫。某公召問計，思濂請單騎往。某公未之信，親授之酒三觥，目之上馬，選十餘人與俱。未至四五里，其脅從者縛魁首二十人跪迎以俟。思濂令驅於馬前，即日報命。某公大喜，殛賊於鼓樓之內，通邑稱快。見《嘉慶·朱思濂傳》。

嘉靖三十一年壬子，知縣曹司賢爲防倭，計議築城，民勿順。明年修城門，增築三門構敵樓，備瞭望。

無知氏曰：倭寇之患，沿海郡邑爲禍最烈。義烏處萬山中，在浙東爲腹地，似無此患。然考《嘉慶志》，謂嘉靖壬子，倭寇掠境，邑令曹公慮無城池，欲先築各門以守。見《嘉慶志·朱孟高傳》。又云：自嘉靖三十五年馴至萬曆二十年，屢有倭患，議者以築城爲言，民氣大怫。又云：嘉靖三十四年，知縣曹司賢始用石築爲門樓，頗如城門之製，便於守望。於舊有四門外，增築卿雲、通惠、湖清三門。是倭寇曾否入邑境，實無明徵，而防禦之策備極周詳，且有以築城爲言，則當時之風聲鶴唳、草木皆兵已可想見。且《東陽道光志》載嘉靖三十一年，倭寇由近海登岸，望台州，破黄巖，掠象山、定海諸邑。當事以東陽界鄰新嵊、天台，駐兵堵截。十二月二十六日，倭寇入東陽城西，焚托塘。二十七日焚華店，此地距義烏東北邊境僅數里。由北鄉入諸暨。又三十五年正月，倭寇至巍山。是倭人踪跡雖未深入吾邑，而寇氛所及，距縣城已不遠矣。吴之器《婺書》以各城門爲崇禎末熊人霖所築，誤。

三十七年戊午十月，八保山礦匪施文六作亂，民兵討平之。見《嘉慶志》。

八保山在縣南五十里，以坐地在第八保，故名。俗傳八寶者，舛也。山廣袤可五里許，其壤與永康接界而逼近處州。

嘉靖三十七年，永康鹽商施文六載鹽過閭里，聞八寶名，謂是山之麓一帶小山土色産礦，乃搆黨方希六等九十餘人，由楓坑到山開採。近坑居民奔告平望倍磊之豪有力者，於是陳大成〔一〕、宋廿六等，按，《佩弦齋文存》爲李廿六，但平望世爲宋氏，當以宋廿六爲是。聚族而謀，率子弟詣坑，手縛方希六、吕廿四等十四人獻諸縣。縣令趙大河，故長者，念係鄰屬，善諭遣之。

而是年六月十九日，文六復訌衆千餘人踞坑頭嶺。金周謝諸人張赤幟於山林，示爲國增課，招引亡命。大成等仍督衆子弟前，捽擒十一人送郡收繫。郡侯李公因出示：坑場殺死者不論。時邑令趙大河亦請兵剿賊。大成遂統陳揄、陳禄、陳文澄等

〔一〕陳大成，底本原作「陳成」，下文稱「大成」者多見，即此人；另《崇禎義烏縣志·時務書·礦防》及《天下郡國利病書·浙江備録下》引《義烏縣志》皆作「陳大成」，今據改。

親丁數百，追逐上山，誅文六、金周謝等三十三人，餘衆遁去。賊知處州人善鍊礦且强悍，乃潛以銀沙和入土礦，往紿景寧、龍泉等縣人民，煽聚慣賊楊松等三千餘人到山，斬木爲材，立栅寨，擄掠村墅，居民大震。縣令趙大河遍檄各都，選兵防禦，且懸賞購於市。而童蒙亨者習陰陽家，謂將以三寸舌退賊師。受賞賚，介馬馳之。賊擁之隊中，不得出，於是遂進師。先合不利，陳春五十三、宋桂三十六等死之。已各都馮、陳、楊、王以衆至，與本都陳、宋併力進發，而大成等椎牛饗士，宋氏亦各出私財犒之。遂領衆三千人踴躍逆擊，衷賊師而殪之，俘馘二百餘人，而蒙亨被賊矢貫耳而亡。

十月，賊既敗，益憤怒，誓必報復。乃大集其黨，趣具食供芻粟以從。我師聞之，亦傳檄各都，厚集陳以待。賊從天龍山時溪嶺、掛紙嶺、楓坑嶺吹竹筒爲號，分道來攻。陳禄、陳炎二十二、陳希四等率衆奮擊，陷其前鋒。赤岸、葛仙、崀疇、青口、田心諸兵從旁擊其左右，賊衆大潰，所擊殺數千人。會大雪，凍餒死相枕籍。已有逃至武義白溪口，視餘黨潰逸，謂我兵追躡，争渡，溺死不勝數。

先是，將戰之夕，王蒲潭有守園者遥見官兵簇擁、人馬騰驤之狀。是夜，賊營驚呼，恍見赤衣人往來驅殺，自相格鬥，戮傷數十人。詰朝，相顧喪魄，卒就剿滅。長老至今誦城隍神之陰祐云。見《嘉慶志》。

又廿八都萊山朱九龍亦率族人與賊大搏於上陳塘，賊衆披靡，斬馘無算。時爲嘉靖三十七年十月十一日也。見《佩弦齋文存》。

礦匪之亂，非獨吾邑震駭，永康、武義、金華、東陽無不戒嚴。但鄰邑志書僅言礦匪肇禍，不及詳紀事實。惟《東陽道光志》稱，嘉靖三十七年戊午，處州盜施文禄糾衆入義烏盜礦，官吏捕之，遂爲亂。官軍數敗，本邑大震。當事下檄命築石城，城成，而礦賊亦爲團練土兵所破云。是東陽改築石城，實始於此。風聲所播，草木皆兵，況吾邑正當其衝，其恐怖爲何如耶！

無知氏曰：明戚繼光平倭寇，義烏兵名聞天下。説者皆謂戚氏訓練有方，不知礦匪入寇在平倭之先。吾邑人民早嫻戰術，南塘不過略施部伍，即成精兵。故《練兵實紀》謂義烏人素稱剽悍，非無見也。惟倭患既平，聲名大著，朝廷視義烏兵爲無敵，遇有戰事，徵調頻仍，致邑中壯丁死於鋒鏑者不可計算，人口爲之鋭減。見知縣周士英詳文。可知兵凶戰危，馳騁沙場，縱有功勳，亦非地方之福。古云：一將功成萬骨枯。其信然歟！

崇禎十六年癸未十二月，東陽諸生許都反，其黨馮龍友寇義烏。城陷，殺典史强謙益。

崇禎十六年十一月，東陽諸生許都倡亂。都爲東陽懷德鄉人，許道達孫，見《浦江光緒志》。道達爲萬曆丁未進士，官福建參政，平倭有功。見《東陽道光志》。少讀書，負貲任俠；長廪於郡庠，喜結納。嘗以樗蒲聚桀驁之士，勇俠輕生者多從之。金華戴叔高，蘭谿郭君璧，義烏丁汝璋、馮三元、馮龍友、吴奎一作魁，東陽趙仇、應斗、韋廣、江叔曜，其較著者。都既以文學聞於時，復慷慨好施予，受其施者，多德之。嘗游於吴，客於給諫吴昌時之門。吴中劇盜沈七、沈八久居太湖，官吏莫能治。時門下客及諸貴游方奉觴爲壽，而吴之甥徐某爲其屬所劫，傷臂，侍者以聞。吴愕然。都在座曰：「是可得而擒也，但未曉其窟穴耳！」座首止之曰：「毋妄言！」宴未歡而散。都留席，獨進曰：「先生固以此賊卒難動摇，以生計之，直几上肉。願少自効。」吴素聞都俠，乃大喜，語以賊出入所在，厚遺之。明日，挾資掉艇兼程至婺，散其金於昔所與游，遴其蹻捷者二十餘人以行。閱數日，至賊所。賊方號呶縱飲，出不意，躍入其舟，刀斧齊下。衆辟易，沈七、沈八皆就擒。還報吴，吴驚以爲神。由是，吴中士大夫皆聞都名。已而吴擢部選郎，攜戴叔高、馮三元、丁汝璋而北驅，禮兩浙諸要津，厚稱都。郡邑承意旨，競延致，留武林。歲餘，以夢祈於神，神援其手，書四字曰「壽命永昌」。自是，侈然有異志，益招集諸勇悍。按，錢塘陸次雲《湖壖雜記》載《于墳》一則，謂明季東陽許都潛畜異志，祈夢廟庭，夢忠肅公延之坐，授以「受命永昌」玉印一方。復設席，令優人演《草橋驚夢》劇而寤。後闖賊僭號永昌，都遥受其命，弄兵草竊。被擒，授首在杭之草橋門。驚夢之驗，蓋在此云。考《東陽志》與此微不合，但皆有奇驗，故兩存之。立義社名曰襄籍，主其事者爲某公子。疑朱大典子萬化。

先是，崇禎十五年夏，州旱。郡守王公訪術者禳之，咸言應斗。斗，故都黨，竊言天文紫微星掩晦，不一二年有變。羣黨聞之，將俟釁起。十六年十月，謂軍仗之貯庫莫多於宣平，遂率其屬夜行。宣平之民烏銃競發，應斗迎之，斃。復生獲郭君璧廉，知首事者在都，宜對薄，常悒悒不自安。無何，其黨金忠、王宣，《浦江光緒志》稱義烏奸人假中貴人招兵。詐爲司理監，走義烏，奉文如戚大將軍例，招募忠勇。

戚繼光嘗招兵於義烏。典史强謙益，故京都人，疑之。就與語，不能答。乃言於縣，下諸獄。辭復連都，都乃屬其友求解於東陽令姚。名孫斐。見《金華光緒志》。姚難之，益懼。或勸之行，而以葬母不能決。會分守王鄘金華、浦江諸志皆作王雄。署篆寧州，道經義烏，阻於雪。其黨謂將逮都，都亦稍聚衆自衛。馮龍友等遽擁兵挾之爲主，時十一月甲子也。於是道路驚傳，衆且十萬。十二月辛未，按，是年十二月大，辛酉朔，此云辛未，當爲十一日也。韋廣等遂迎都入東陽城，衣甲備具，百餘人而已。以母喪，用素布纏頭，相沿白頭之名自都始。是日，吴魁陷浦江。《浦江光緒志》稱賊黨義烏吴奎於十二月十三日破城，踞十八日。杭營游擊蔣若來討平之，斬賊五百人。馮龍友陷義烏，殺典史强謙益。《嘉慶志》僅稱崇禎十六年十二月，東陽許都倡亂，不言縣城失守，疏略之至。上檄越之援師集於諸暨之界，趙雄扼之牌樓，夜擣之，殺數人，援師奔。《諸暨光緒志》亦載。遠近皆大震。都入城，收諸印，餘無所取。無賴子多假旂幟索餉村落，搶掠財物。都聞之有王和尚、張希宰者，即梟首懸之衝衢，衆乃安。已，遲留不發，鳩工構廳事，逾旬而成，改爲忠義府，或曰帥府，以主簿宋琦掌府事。事畢，始檄其屬趨金華。金華已有備，至孝順街。故西陲守將鄭國祥部署義兵防禦，都縱兵擊之，大敗，國祥死焉，監軍、給事中姜應甲遁還。都遂乘勝薄城，駐兵義烏門外。署府事、同知倪喜祚，知縣徐調元，暨縉紳士庶悉爲城守。越數日，適淮督朱大典以事歸本郡，衆倚爲重。時大典被劾，削籍居京口，以家貲募兵勤王。會許都憤縣令苛斂，作亂圍金華。大典子萬化募健兒禦之，賊平而所募者不散。大典聞，急馳歸。金華知縣徐調元閱都兵籍有萬化名，遂言大典縱子交賊。巡撫御史左光先聞於朝，逮治，籍其家充餉，且令督賦給事中韓如愈趣之。已而京城陷，事遂寢。見《朱大典本傳》，與《東陽道光志》微不合。會游擊蔣若來復浦江，由間道轉援郡城。二十八日，整軍出，都敗走括蒼山，立寨爲固守計。時撫按定議撫之，以紹興推官陳子龍嘗與都善，命之行。明年二月，乃至寨招都。都就撫，從者三十餘人。按，《明史·陳子龍傳》云：巡按御史左光先以撫標兵，命子龍爲監軍討之，稍有俘獲。而游擊蔣若來破其犯郡之兵。都乃率餘賊三千人保南砦。王雄欲撫賊，語子龍曰：「賊聚糧踞險，官軍不能仰攻，非曠日不克。我兵萬人，止五日糧，奈何？」子龍曰：「都，舊識也，請往察之。」乃單騎入營，責數其罪，而以二百人降。比至杭，以逆論，都及餘黨悉伏誅，懸首於永昌門外。即草橋門。按，《金華光緒志》云：左光先與郡紳姜應甲必欲殺都，子龍以殺降不祥，力爭不得，遂斬都等六十餘人於江滸。三月初六日，光先奏寇平。

十七年甲申六月，許都遺孽丁汝璋陷義烏，縣治燬。

時許都雖誅，餘黨未散。丁汝璋復陷義烏，縣治自正廳、川堂、後署、寅賓館、儀門及典史衙署皆被焚。見《嘉慶志》。

弘光元年乙酉閏六月，潰將方國安兵入境大掠。

弘光元年，兵部尚書郡人朱大典還金華，據城固守。時杭州已陷。爲大清兵所陷。唐王聿鍵監國於閩，屢書招使入閣。大典欲以浙東屬唐王，而東陽張國維以閩遠，欲屬魯王以海。羣臣會議，乃分八縣錢糧，以金、蘭、浦、湯歸朱，東、義、永、武歸張，令各治兵禦敵。大典守金華。六月，總兵方國安與大典有隙，回兵至婺，圍攻匝月，殺掠甚慘。至閏六月二十五日方解。見《金華光緒志》。將入永康，爲知縣朱名世所扼。名世築城於茭道禦之，茭道在武義界，見《永康光緒志》。入義烏，邑人陳雯大陳人率衆捍禦。國安兵自金趨紹興，取道義烏，大肆殺掠，邑人死難者甚衆。時有駱守楨負母趨山谷，被執，將殺之。守楨疾呼曰：「身可殺，吾母不可害！」延頸代死。潰卒抽新刀試之，不能出，他卒亦然。曰：「此怪事。」遂捨而去。其妻何氏挈子從姑避山中，聞寇至，語其夫曰：「事急矣，勿以妻子故累君姑，則必求所以安全也。」未幾，寇至，逼行不從，加刃於頸，血滿地，擄其子方烶以去。已而家人往視，喉未絶，舁歸治療復甦。後方烶亦歸。又駱之演妻樓氏、駱標妻樓氏、駱邦士妻金氏、駱舍妻何氏、駱明綱女、駱朝陽孫女、馮士身妻劉氏、黄世鳴妻，亦先後被害。其殉節之烈，皆令人仰慕不已。俱見《嘉慶志》。是月，張國維朝魯王於台州，請王監國。即日移駐紹興，進國維爲兵部尚書，督師江上。會國安自金華至，方與大典有隙，遂附國維。聯合王之仁、鄭遵謙諸營爲持久計，屯兵西興。見《東陽道光志》。

八月，許都遺孽丁汝璋復陷義烏，夜趨金華，不得入，還攻東陽。

初都在吴中，上海何剛素壯之，謂其才略足用。當流寇縱横，擬羅致以衛京闕。按，《金華光緒志》：都豪傑自喜，嘗從上海舉人何剛學。剛謂之曰：「子居天下精兵處，盍練一旅以待用乎？」華亭徐孚遠見而奇之，謂陳子龍曰：「許都，國士，朝廷方破格求才，倘假以職，隱然干城也。」都歸，散財結客，致數千人，陰以兵法部署，思得一當。宰執方岳貢、翰林楊士聰皆交章薦，俾就東南招募。及議定，而都已就僇。都既以撫見殺，黨猶衆。

當事誅求頗甚，於是許嘉應、丁汝璋等復糾餘黨入山。弘光元年八月甲申，按，弘光元年八月庚辰朔，甲申當爲初五日。破義烏，夜趨郡城，穴其郭門。守者睡墮城下，見穴驚呼，城上人悉爲備，不能入。己丑初十日，至東陽，聲言欲得所爲，染指者甘心焉。設壘，集攻具，晝夜不休。城中有備，不得入。壬辰十三日，杭把總何永懃、金良洪率兵千人至，圍解。乃逾江東陽江，夜次二都。都之踞邑也，邑令姚避居二都之上盧。都敗，諸生盧翰、盧鳴鶴等糾率鄉族，擁之入城，其事巡按御史左光先已題敘。至是，疑叵測，合喊而入。嘉應等遂逸去。明日，官軍合剿，鄉兵助之，殺賊三十餘人，餘遁去。甲午十五日，浙江巡撫黃鳴俊親率兵二千人至，聞賊平，乃命何永懃、金良洪紥縣城[一]，分兵防守而還。見《東陽道光志》。按，此時杭州已陷，安有巡撫率兵防剿之理？余疑丁汝璋等陷義烏，趨金華，攻東陽，必在省垣未陷，朱大典、張國維等未守金華以前，事非弘光元年八月也。然《東陽志》言之鑿鑿，必成事實。今姑存之，俟考。初，義烏有毛某俞村人，亦率衆附許都，縣令聞毛宏芳能服族人，强令單騎往諭，爲所

[一] 金良洪，底本原作「金洪良」，據上文「金良洪率兵千人至」及《道光東陽縣志·政治志·兵防》改。

害。後其子以父寃聲諸官。因時方鼎革，置勿問。見《嘉慶志·毛宏芳傳》。

無知氏曰：天生俊傑，不擇地，亦不擇時。國家將興，得人駕馭，可收干城之用；國家將亡，散諸草澤，流爲叛逆之徒。昔張良聚少年數百，狙擊始皇，與叛徒何異？及遇高祖，載之後車，運籌帷幄，遂成元勳。許都，固一時人傑也，世無高祖，致英雄無用武之地，遂以叛逆亡其身。惜哉！

清

順治三年丙戌七月，明降將方國安引大清兵過境，沿途剽掠。

順治三年，魯王兵敗，走台州。張國維還守東陽，六月，知勢不支，赴水死。七月，方國安自台州黄巖降於清，與馬士英、阮大鋮引大清兵攻金華〔一〕，過東陽。見《東陽道光志》。按，由東陽趨金華，必經義烏。時邑人毛元時暨妻陳氏、媳王氏闔門殉難，足見當時

〔一〕阮大鋮，底本原作「阮大鉞」，《明史》卷三〇八《奸臣·馬士英傳》中附阮大鋮事迹，今據改。

殺掠之慘。餘無考，蓋諱言耳。十六日，金華陷，朱大典闔門殉難。見《金華光緒志》。

五年戊子五月庚寅，東陽土寇掠花溪。

順治初，在丙戌丁亥間。東陽大亂，官軍、土寇、民團三者互相屠僇。時許都遺孽趙仇等又糾賊黨數千人，四出劫掠。五月庚寅，掠東鄉之花溪，轉趨東陽長塴、長衢等村，延燒二十餘里。旋爲長衢民團所敗。見《東陽道光志》。

無知氏曰：明清鼎革之際，東陽、永康盜賊蠭起，獨吾邑闃然無聞，豈地方果安謐耶，抑志書諱言之耶？據《永康光緒志》載，順治五年，土寇踞永康，凡六閱月。後經官兵剿平，東、義、永數萬之寇，一朝解散。又云：順治十一年八月，東、義寇從八仙坑入境，火民居殆盡。又云：順治十八年，東、義寇又從八仙坑入境東北，居民悉遭焚劫。即此以觀，義烏何嘗安謐？特志書失載，至今無考云爾。

康熙十三年甲寅六月，耿精忠兵入寇，縣治燬，城樓被焚。

康熙十三年，靖南王耿精忠以閩叛，千總馬倫踞仙霞關。《東陽志》爲三月十三日，

《浦江志》爲三月二十四日，《蘭谿志》謂踞仙霞關者爲馬九玉，未知孰是，俟考。關下爲江山縣，諸軍戍不戒。倫偵知，乃夜發兵襲之。諸軍方就民家酣卧，幾殲焉。浮尸蔽江下，浙東大震。時督院方調集各路兵進剿，而温、處二州已告陷。五月，閩將徐尚朝踞處州。《永康志》爲六月壬子〔一〕。六月己丑，分兵破永康。《永康志》爲丁巳，是也。乙卯，由永康趨東陽。東陽駐防兵通敵，城不閉，寇直入廳事。取縣印及學印，出諸囚。地方諸不逞聚衆嚮應，自以位號相部署。優人、奴隸、吏胥、傭工、匠作皆得旄節自榮，折辱士大夫，無恥者和之。編户捉兵，計室議餉。掛名什伍，則飲食衣服得恣取於村落鄉里，否則受害辱，無可避。以是從賊者益衆。翌日，陷義烏，見《東陽道光志》。燬縣治，焚城門、敵樓。邑人陳雯大陳人集義兵守縣城，與賊奮鬥。其子坺死之。倉庫藉以保全。孝子陳萬備城中人侍親不忍去，遇賊毛鳳翀，拷掠萬狀。官兵至，又疑其通賊，欲殺之。知縣于漣、副將陳

〔一〕按，當以《永康志》載六月爲是。《清史稿·諸王列传·滿達海從子康良親王傑書》：「康良親王傑書，祜塞第三子。……康熙十三年六月，命爲奉命大將軍，率師討耿精忠。師至金華，温州、處州已陷。精忠將徐尚朝以五萬人犯金華，王令都統巴雅爾、副都統瑪哈達迎擊，破之。」又《清史稿·列女列传·徐明英妻吴》：「康熙十三年，耿精忠將徐尚朝攻处州，略金华。六月，游兵至永康。」俱作「六月」。

某稔知其情，得釋。又陳珩棄妻子，負母攜幼弟奔避，得免。又陳啓先之父被難，啓先請代死，寇竟兩釋之。蔣達妻王氏遇賊騎，逼之上馬。氏曰：「頭可斷，馬不可上。」遂遇害。見《嘉慶志》。時閩浙總督李之芳遣副將陳世凱援金華，李侔援東陽。八月二十日，過義烏境。九月，康親王傑書統大軍駐金華。見《清史稿》。僞都督陳重自東陽率衆犯郡。又過義烏。都統瑪哈達擊敗之。見《金華光緒志》。十月丙申，東陽土寇許於亭攻義烏花溪，焚之。東陽土寇甚夥，而以許伯蘧、許於亭爲最悍。伯蘧爲民團所殲，於亭戒諸寇毋擄掠，與鄰界議和。花溪勿順，故來攻。見《東陽道光志》。十二月，僞都督徐尚朝自永康逼郡城。永康人獻烈婦吴絳雪與尚朝議和，尚朝喜，遂出境，趨金華。絳雪殉節。見《永康光緒志》。副將陳世凱偕郭進武迎擊於城南，乘賊甫集，大呼先進，斬其前鋒葉應龍、徐有功。賊大潰，退踞積道山。官軍乘大霧進師，破其木城，尚朝等棄寨遁。見《金華光緒志》。按，《永康光緒志》爲十二月丙申。永康、縉雲克復。賊將馬公輔由義烏竄武義[一]，官軍追殪之。見《清史稿》。康親王又遣將攻浦江，賊聞風走義烏，官

[一] 馬公輔，《清史稿》卷二五七《陳世凱傳》作「馮公輔」。

軍追至戚寸橋步虛嶺，盡殲之。見《浦江光緒志》。義烏復，知縣于漣山東文登人，康熙九年任。以縣署被燬，僦民居視事。見《嘉慶志》。十四年正月，復處州。十五年秋，克仙霞關。十六年，福建平。

乾隆五十九年甲寅，宣平奸民樓德新創立邪教，來義煽亂，邑中豪猾何世來等率衆附之。五月四日，謀襲郡城，事洩，被捕伏誅。

邑西奸民何世來性狡猾，好拳術，知醫道，嘗結納無賴，橫行鄉里，志猶不足。一夕三月初九日過同黨鮑日滔家，閒談謂曰：「吾儕僅恃一身武藝，結識諸少年，稱雄於三家村，非夫也。吾聞宣平鐵工樓德新有神術，可挾以爲主，假設教爲名，勸人皈依，既可斂財，又能糾衆，一舉兩得也。」日滔慫恿之。世來赴宣平，約舊友王元訪樓德新，告以故，德新喜。三月十六日，偕世來、王元至鮑宅主、鮑日滔、鮑宗士家。德新既抵義烏，即開門授徒，傳習邪教。世來等爲之揄揚，謂德新曾得天書天旂，脱胎換骨，非復凡俗，造咒語四句，曰：「天與人交，人與神通，從吾所好，人仙自昇。」入其教者，銷災獲福，不畏兵刃，不受逮捕。愚民惑之，信從者頗衆。何世來隨收葉景紅、曹從蒲、黃阿立、楊國泰、楊履泰、樓正南、樓正陽、樓德清、樓畚斗、樓春雨、余慶等爲徒。王元亦收葉忠義、金一學、吕澤芳、鮑萬青、傅貴發等爲徒。王元秩收鮑日友、吴人樂、吴如罄、鮑日豐、季元潮等爲徒。鮑成禄收樓兆佳、樓尚一、樓六合、何書、樓開祝等爲徒。鮑宗士〔一〕收鮑永槐、鮑茂山、潘小老奶、余人綱、何正美、鮑萬春、鮑萬考、鮑萬斌、鮑永高等爲徒。鮑日滔收鮑九如、鮑日尖、鮑萬仲、樓小七、樓符、朱兆彩、陶天倫等爲徒。俞正元收王毓靈、鮑萬雲、曹永瘳、樓啓朋、許吕芳、楊勝德、何尚玉等爲徒。曹從蒲轉收鮑日烏、鮑日攸、嚴秉寶、鮑成超等。葉景紅轉收胡德兆、陳老進、胡老英、陳化意等。楊國泰轉收王工清、朱啓本、樓元禄、樓小麻利、吴阿成、方妹妹、楊聖行等爲徒。世來見裹脅既多，聲勢日盛，遂與王元等謀襲郡城，令鮑成禄購紅綢，製小紅旂八面，每旂書一令字，俞正元書。授王元秩、鮑宗士、鮑日滔、楊國泰四人徇於衆，謬稱此爲天旂。又慮郡城有備，戰或不利，別製大黃旂一面，中書逆詞如露布，司全軍進退之令。謀既定，即選五月四日在王元秩家誓師起事，此爲甲寅四月二十八日也。先是，舉人樓錫裘有怨家，摘其

〔一〕鮑宗士，底本原作「鮑宗土」，據上下文改。

祖父詩中語首於官，誣以叛逆，幾成大獄。旋幸上峯知其冤，事遂寢，然遠近傳聞猶謂錫袞有異志。至是，何世來使俞正元强之入夥，且劫以危語。錫袞素機警，有應變才，知事急，不可猝免，乃佯作驚喜狀，遽摇手止之曰：「毋漏言，族矣！速引我往見爾帥。」世來聞其至，迎勞之。錫袞佯謝，因問曰：「謀定乎？」曰：「已約諸路於五月四日月落時，各領所部，伏城南蘆洲中，見火光，畢赴火所。吾别領精鋭焚八詠門外，料場官必啓門救火，圍而殲之。入據其城，七邑可傳檄定也。」錫袞曰：「有内應乎？」曰：「有。」曰：「有傳餐所乎？」曰：「官廩皆吾食也。」錫袞笑曰：「然則各攜炊具乎？諸路遠來，未必裹糧赴約。入城不得食，必各散而抄掠。軍無紀律，何以令衆？吾有别業在郡城，請先入具千人饌犒師，何如？」世來等大喜，刲羊豕饗錫袞。諸頭目咸在座，獻酬交錯，因得備詢其姓氏里居。時五月朔也，世來等以期迫，恐猝不及辦，促之行。錫袞行數里，即改道走諸暨，一晝夜達杭州，叩撫軍軍門告變，家人勿及知也。撫軍壯之，檄按察使李翮隨錫袞先行，自率將弁繼之。初七昧爽，先後抵金華。守土者勿及知，錫袞出所疏姓名，分遣官弁至義烏，按居址盡縛之。被縛者亦勿及知。初，世來等不知錫袞之紿己也，尅期而發，三鼓抵鮎魚山，諸軍譁變。時黨夥樓畚斗等畏懼不到，何書等中途潛逃。比撫定，天已向曉，遂潰。或曰：前隊已至城下，見城頭火光若列炬然，始驚而散。云有拾令旂者，馳告太守，知府阿明阿。守怒，痛抶之，將斃之獄，聞撫軍至，乃免。時撫軍爲覺羅吉慶，性長厚，爲政頗持重，雖親率將弁臨郡捕剿，而網開三面，僅將錫裘所疏何世來、樓德新等十名按律治罪，誅其首犯，宥其脅從。所有一切逆詞、逆證，皆匿而不報，示寬大也。乃閩浙總督覺羅伍拉納好大喜功，張皇其事，於五月二十四日得浙江藩司田守通牒後，立命所轄軍兵四處堵截，如臨大敵。此時業已結案。已則於五月三十日起節，親率弁勇，督同福建按察使錢受椿至金華，重行查辦，并將所得逆詞飛章入告。清高宗得奏大怒，嚴旨切責浙江巡撫吉慶辦理不善，交部議處，並命伍拉納嚴捕餘黨，務絶根株。於是緹騎四出，騷擾閭閻，株連無數。是役也，計剅棺剖屍者二人，何世來、樓德新前已正法，至是戮尸。斬决者三十人，王元秩、鮑成禄、鮑宗士、鮑日滔、俞正元、曹從蒲、葉景紅、楊國泰八人與樓德新、何世來同時伏誅，巡撫吉慶已奏報結案。何世來之兄何世鳳及鮑茂山、楊履泰、葉忠義、胡德兆、鮑日烏、樓兆佳、樓尚一、樓六合、鮑永槐、鮑日尖、朱啓本、樓正南、吴阿成、鮑萬仲、楊聖行、許吕芳、方妹妹、樓德青〔一〕、何尚玉，皆總督伍拉納奏請伏法。斃於刑夾之下者四人，樓啓明〔二〕、樓聖德、樓春雨、鮑萬斌皆取供時受刑死。發烟瘴充軍者八人，樓畚斗、何正美、鮑萬春、鮑永高、朱兆彩發雲貴充軍，何書、樓符、樓小七發黑龍江索倫達呼爾爲奴，到配枷號六月，嚴加管束。在逃者五人，王元、余慶、季元潮、樓開祝、陶天倫，後王元仍被捕。其才產入官及妻子緣坐爲奴者無算。互見巡撫吉慶、總督伍拉納奏議及張丹邨《書事存稿》。

附張丹邨書鬥牛一則

丹邨子曰：金華、義烏向有鬥牛之戲，故老相傳。二邑犬牙相錯處，土剛民悍，往往多事。陶得二、許都之亂，有揭竿從之者。及康親王來平寇，時軍中有異人憫其横遭屠僇，諭土人曰：「坤爲土，亦爲牛，牛鬥則悍氣洩矣。」土人試之，百餘年來無梗化者。乾隆丙午丁未間，金華令彭載賡始禁之，未十年而何世來之難

〔一〕樓德青，前文有作「樓德清」者，疑爲同一人。

〔二〕樓啓明，前文有作「樓啓朋」者，疑爲同一人。

作，時彭尚未去金華也。土人自是益神其説，村社鬥牛寖成俗矣！然吾聞彭雖禁鬥牛，而游手或帶刀横行市中，則不之禁。既而嘯聚成羣，抉人目，折人股，躪人禾稼，又不之禁。此即日聚羣牛而鬥之，能銷其悍氣乎？又聞自禁鬥牛，隸役以牛爲奇貨，見野有牯牛，輒牽之去。彭不察，藉以充賞。民有牯牛，既不敢耕，復不敢賣，不得已殺之，則又科以私宰之罰。此雖土不剛、民不悍，能保其不變乎？然則謂鬥牛不當禁，及謂一禁鬥牛，即化行俗美，一切吏治民生俱不必問者，皆一偏之論也。嗚呼！令誠賢則地方應革之事，豈無重於鬥牛者，亦豈無急於鬥牛者？次第行之，頌聲作矣！民誰不願各保身家，而敢遑而思亂哉？

無知氏曰：甲寅逆案，本邑《嘉慶志》稱「宣平樓德新來義煽惑，希圖肆掠金華」。張丹邨《書事存稿》謂「義烏奸民何世來糾衆倡亂，而故老相傳」，又稱「楊國泰謀反」。百餘年來，傳聞異辭，莫衷一是。今秋八月，晤老友吴君逵卿鏡元，言其家藏有抄本奏議一卷，叙是案顛末頗詳。亟向借閲，始知何世來、樓德新實爲首犯，楊國泰僅從逆之徒耳，其餘脅從被戮者尚非少數。兹將本案始末詳悉編載，非但爲當時存事實，並足爲後世迷信左道，自取滅亡者戒。惟逆案奏議爲何人所抄，今已無考。殆亦當世之有心人也！而吴君逵卿又在鄞邨某甲家，於故紙堆中偶爾檢得，非孔壁之魯史，亦汲塚之遺書矣！蓋閩浙兩省官署公牘，已爲洪、楊兵燹所燬，即北京各部檔案，亦於前清光緒庚子聯軍入京時散失。不有抄本奏議，不有吴君搜羅，不有丹邨記載，誰復知百餘年前有此慘案哉！《金華光緒志》以樓德新爲義烏人，誤。

咸豐十一年辛酉五月三十日，粤匪入寇，城陷。

咸豐八年四月，僞翼王石達開犯衢州，陷壽昌，見《蘭谿光緒志》。又分股入處州、縉雲。四月十二日，陷永康、武義。六月初八日，賊忽退，時邑人尚不甚懼，但聞鄰封有警而已。迨十一年，僞侍王李世賢自樂平江西境爲左宗棠所敗，思圖別竄，偵知浙東守禦空虚，乃糾合匪軍由白沙關入。三月十五日，連陷江山、常山二縣。四月初三日，陷壽昌。賊酋爲徐朗。其大股由常山直下，拂衢城而過。衢鎮總兵李定太聽賊過，不截擊。見《諸暨光緒志》。十七日，陷龍游，知縣龍森死之。四月初七日，總兵張玉良統兵八千駐泊蘭谿。十二日，派守備龔占鰲率五百人防龍游。賊至，不戰而遁，城陷。見鄧鍾玉《兩浙軍事日記》。**十八日，陷湯溪**。見《浦江光緒志》。賊酋爲李尚揚。見《金華志》。**十九日，陷金華**。十七日，知府王桐赴蘭谿乞援。十八日，張玉良遣參將劉惇元率兵五百，與金華都司安喜合紮通濟橋。十九日，張玉良自率軍援金華。賊目剷天安劉政宏〔一〕率衆二千攻通濟橋，官軍潰，城陷。知縣吴瑞龍、教授蔡召南、分郡委員李學紳死之，見《金華光緒志》。又賊陷湯溪。時知府王桐尚置酒演劇，爲其母稱壽。及聞通濟橋砲聲，始遁。人疑其通賊。梅花門浮橋拆斷，民不能濟，哭聲震天，義烏門屍積如山，不能通。人有匍匐出者，仍爲賊所屠，見《石古齋文存》。**五月十四日，總兵文瑞統兵三千**，《鄧氏日記》作八千。**屯金華東鄉孝順鎮，令游擊曾得勝率兵紮五都曹**即曹宅，**與民團合**。見《浦江光緒志》。時金華、蘭谿、湯溪、武義均已失陷，賊勢甚張，獨義烏未得警報。五月十三日，城南關帝廟尚演劇，觀者如堵。至十四日夜半，聞孝順有大軍至，始驚散。故父老相傳，謂五月十三日賊匪入境者，非。**二十六日，彗星見**。星起紫薇垣斗筐下，與杓相值，三更後斗轉西旋，星亦隨没。後數夜更移前丈許，根芒蓬勃，其梢稍鋭，至六月下旬始滅。見鄧鍾玉《軍事日記》。**二十八日，僞侍王李世賢嗾賊目**

〔一〕剷天安劉政宏，後附録鄉先生詩詞所收朱鳳毛《書金華咸同間兵事》詩中有小注作「剷天義劉政宏」。

撫天福楊金正犯曹宅。先是，賊至曹宅，誘戰，曾得勝令官軍引火銜鎗静伏以待。相持數日，賊亦未敢猝犯。民團謂官軍懦怯，逼令開仗。曾得勝喻以兵力單薄，不宜輕動，民團不聽，獨向前衝擊，賊悉鋭兜撲。曾得勝見勢不支，自率官兵五百人走孝順，民團大潰，傷亡無算。二十九日，曾得勝退至孝順，泣訴於文瑞，謂民團挾制官軍，屢遭凌辱，大營若遇敗挫，必受其害，不如退守義烏，再圖進取。文瑞以義烏無城可守，揭全軍退諸暨。賊踞孝順，即分兵躡追。三十日，義烏陷。見鄧鍾玉《兩浙軍事日記》、《金華志》同。邑固無城，不可守。然自金華陷後，時有官軍駐防，嘗築壘於湖清門外里許之上花園。兵無紀律，時出騷擾，民恒苦之。迨三十日，賊追至，防軍亦出戰，列陣於西江橋北岸。賊張左右翼，一由西門童宅河包圍，一由東江橋上游渡江，經趙宅入倉後，出官軍後。官軍驚潰，城陷。時有人見縣署前懸首級數十，旁置紅藍頂帽多具，蓋皆防軍將領之陣亡者。知縣甘履祥遁。甘履祥，籍貫及到任年月無考。惟性貪黷，聞鄰邑有警，假名團練，剥取民財，飽入私囊，絶無准備。賊至，攜愛姬先遁。寇退，復回。展轉數月，城陷，遁回杭州。至諸暨，與新令黃錕遇，即將縣印交卸他去。黃令入境，城已不守，遂匿民家，隨鄉人避亂。鄉人念其爲新令，也不加害，且保護之。居北鄉山谷中，首尾且三載，未遭難。寇平，由鄉民擁護入城。時有訓導段堯卿、教諭謝某亦避居北鄉山中，嘗與邑人樓杏春、傅掄元等過從，燹後猶存。已上見《傅掄元詩稿》、《樓杏春詞稿》、先大夫《石古齋文存》。賊乘勝追官軍，突過蘇溪、楂林，至善坑嶺，爲諸暨訓導韓煜率民團扼之，遂折回。見《諸暨光緒志》及《平浙紀略》，但二書皆言義烏失守在六月初一日。而金華、浦江二志及《鄧氏日記》、本邑樓杏春與先大夫詩文集皆稱五月卅日，今從之。以郡人、邑人見聞較切故也。六月初一日，賊忽棄義烏，退回金華。時張玉良、饒廷選方奉省檄，統大軍取蘭谿，賊勢趨重下游，故棄義烏，屯金華。見《平浙紀略》。自是賊軍往來無定，勢成流寇，並不踞城，而城中亦無縣令。七月初一日，總兵文瑞由諸暨移紮浦江。總兵吴再升、米興朝先後由東陽移紮義烏。先是五月二十八日，東陽土匪陳上達殺舉人吴榮誥爲亂，米興朝移師討之。見《平浙紀略》及《鄧氏日記》。八月二十三日，文瑞以糧援隔絶，揭全軍退杭州，浦江陷。賊目殷天義徐朗踞之。二十四日，侍王李世賢令賊黨黄呈忠犯諸暨，陳荣犯義烏。二十五日，賊目崇天安陳荣率黨抵義烏。《鄧氏日記》作二十六日，《石古齋文存》爲二十五日，今從之。總兵吴再升、米興朝，游擊曾得勝，走東陽之厦程馬，義烏復陷。二十七日，賊由義烏陷東陽，副將王邦慶走白峯嶺。二十九日，總兵吴再升等由厦程馬退嵊縣及諸暨之草搭〔一〕，見鄧鍾玉《兩浙軍事日記》。賊目陳荣既踞義烏，即深溝高壘爲久居計，邑中自此糜爛。賊毁城内外民房，築砲臺於東南隅煤山頂及城北三里塘等處防守。賊奉天主教，自稱爲「天民」，國曰「天國」，王曰「天王」，兵曰「天兵」，國字内去或，書王，如国。僞官頭銜多冠以天字。如殷天義、劖天燕、崇天安等，名目煩多，不備載。不敬鬼神，不祀祖宗，以人民爲妖物，呼長官爲妖頭，以殺人爲殺妖。賊不薙髮，俗稱「長毛」，亦名「髮匪」。賊酋之貴者，首裹紅巾，身披黄褂。其正朔襲用西曆，但亦似是而非。據《蘭谿志》，謂賊以同治元年十二月二十一日爲除夕，與《平浙紀略》不同，每月有三十日或三十一日不等。聚賊衆演説，名曰講道理。蓋即西俗禮拜。設僞官曰軍帥、師帥、旅帥、卒長、司馬及鄉官之屬，以地方無賴充之。諸無賴平時爲鄉黨所不齒者，至是皆趾高氣揚，恃勢報復，殘害良善，折辱縉紳，無所不至。賊既踞城，四出劫掠，踞賊陳荣，其荣字不从炏，从卄。余從友人朱暢園家見其木質僞印，長約一尺，闊五寸，四邊有龍紋，中書宋體字，其文曰「太平天國開國勳臣九門御林崇天安陳荣」。見

〔一〕草搭，即今日諸暨之草塔。

人即殺，逢屋即焚，名曰打先鋒。通衢大道設局收税，名曰擺卡。肩挑手挈瑣屑貨物，無不苛以重税。或弗與，即奪之，並指爲奸細。市鎮及大村落皆屯兵，名曰打館。兵數十人、數百名不等。每鄉設軍帥一人，旅帥若干人。卒長、司馬、鄉官之屬無定額。流氓、地棍皆假旄節，令鄉官編户口，給門牌，每户索銀幣四圓。或勿順，焚其廬。令人民供米粟財帛，名曰進貢。邑境舊分八鄉，賊併爲四。自一都至六都爲東鄉，以左營軍帥黄某領之；廿一都至廿八都爲南鄉，以前營軍帥丁某領之；十四都至二十都爲西鄉，以右營軍帥某領之；七都至十三都爲北鄉，以後營軍帥某領之。城中設中營軍帥一人，節制四鄉，權力頗大，以無賴諸生洪某充之。捕里胥，繕糧册，知民間貧富。余見其東鄉糧册，上蓋僞印，長約四寸，闊五寸，四邊有花紋，中書宋體字曰「左營軍帥黄」。富户迫令納款，必盡獻所畜而後已。有私藏被偵知，輒處以極刑，謂非此不足以示儆也。劓鼻、刖足、剖心、刳腹，備極殘酷，而尤以點天燈爲最慘。其法以綿絮裹人，外束以布，中灌油，狀如蠟燭倒植之，爇火使然，先灼其趾，次及脛，次及股，次及腹，其人猶能呼號，灼至心，乃死。擄得婦女年輕者，衆賊輪姦。有親屬同被捕，必令旁立視其行淫，敢有怒色，即殺之。遇貞烈婦女不從，賊以鐵器灼火烙其下體致之死。獲孕婦，輒剖腹取胎以爲樂。慘毒情狀，筆難盡述。然此猶僅及於富户也。居數月，貧民亦遭害。壯丁擄爲輸卒，脱逃被捕，重則殺之，輕則刺字。刺其面作「太平天國」四字。賊惡書，見民間有書籍，輒擲之廁中。如是者久之，民不堪其虐，無貧富皆竄居深山，原野中無人煙。賊知民散，無可得食，乃張僞示，甘言招撫，名曰安民。鄉愚無知，初亦信之。及旋里，焚殺如故，民仍驚竄。賊計窮，乃召無賴爲向導，深山窮谷，賊踪皆至，名曰搜山。山中居民畏其鋒，日間伏巖穴，夜始出而覓食。賊知之，嘗於夜間伏山徑竊聽，聞人聲，即馳捕。民無晝夜皆屏息，小兒啼，恐爲所聞，有掩死者。賊踞邑中僅一載許，而人民之死於難者十八九。罪惡滔天，忍無可忍，於是西南兩鄉民團迭起，東鄉、花溪亦聚健兒數百人相與殺賊。惜烏合之衆，進退失律，爲賊所屠。其他諸鄉亦未聞有抵抗者。

同治元年壬戌五月，南鄉二十八都紳士朱鳳毛、朱芑田等集民團殺賊，西鄉團兵嚮應。

咸豐三年，粤匪陷南京，朝廷即令各直省舉辦民團。惟其時道路阻絶，消息不靈。金陵雖陷，賊氛尚遠，邑人不甚戒懼，迨八年、十年逼近鄰境，團事始重。八年陷永康、武義。十年陷嚴州、杭州。然不久即退，團兵亦散，間有存者，具文而已。城中有團練總局，鄉間各設分局。其領袖皆就地紳士爲之，既不訓練，又無紀律，益以不肖官吏假名斂錢，道路側目。咸豐十年，有客民過境，夜宿東江橋，某紳指爲奸細，捕殺二十三人，聞者冤之。迨金華失守，乃鳥獸散。賊軍深入，無人抵抗，闔邑生靈如几上肉、釜中魚，任賊烹割而已。至是，浙江巡撫左宗棠攻衢州龍游急。僞侍王李世賢檄義烏據賊陳榮赴援。陳爲粵産，貳於李，不受徵發，且聚諸粵賊於邑境，號曰花旗，圖反噬。花旗爲石達開部曲，今從李世賢寇金華者，與湖北賊不合，意見甚深。時别賊李仁壽，世賢姪，自處州敗回。屯永康三十里坑，與廿八都鄰界。日游騎過山抄掠。五月十一日，二十八都村勇譟逐之，賊駭走。是時村勇尚未成軍。當事恐不能支，遂申約束，别火伍，嚴斥候〔一〕，塹要隘，禡纛於三山廟。廿八都正式民團自此始。紳士朱鳳毛先毀家，鄉人效之，朱芑田爲參軍，兵威大振。與永康賊相持四十餘日，賊屢受創，幾不能軍。永康爲楚賊，

〔一〕斥候，底本原作「斥侯」，不辭，據文意改。

義烏爲粵賊。楚、粵二軍自相攜貳。越月，城中踞賊陳荣遣其假子某時人稱三公子窺上陽，團勇截擊於溪灣，殲其十三騎。上陽、溪灣皆二十八都村名。先是，賊見團勇蹻捷，深忌之，乃陽爲助戰，時團兵正與永康賊相持。陰約武義賊自南山入，擬前後挾攻，以圖撲滅。不虞武義賊先敗，陳後至，遂殲焉。檢其行囊，有僞印一，僞軍書二，始灼其奸，急部署各勇夤夜分襲赤岸、佛堂、倍磊三賊壘。賊不虞，團兵掩襲，悉驚竄，由是江以南無賊踪。然陳荣踞城自若，外賊之往來踵相接也，乃築長壘爲堅守計，而時出擊經過及遠屯之賊，以固其圉。七月，有悍賊數千踞雅墅街。鄉人惡其逼，乃分團勇爲前後隊，迭擊之，此敗彼進，自旦至暮，賊不得休，喪精鋭且盡，遂宵遁。而西鄉團兵亦先後殺賊，屢獲勝仗。閏八月初三日，約西團合攻縣城，城賊陳荣竄嚴州。九月、十月，他賊由諸暨上竄，陸續不絕，十月十二日有賊兵屯蘇溪，二十一日搜山至六都外葛。見《傅掄元詩稿》。城中尚屯有楚賊二三百人。十一月，巡撫左宗棠圍龍游久，分遣布政使蔣益澧蹙賊於湯溪。官軍鋒鋭甚，賊懼，廣徵僞梯王練業坤自湖州，僞戴王黄呈忠、僞首王范汝增自紹興，各率衆數十萬援龍游與湯溪。按，《鄧氏日記》云：三僞王於十一月十九日抵金華，二十一日至湯溪之酤坊開化村白龍橋一帶。

道出義烏而慮西鄉民兵襲其後，輒屯大隊於田心、倍磊間，横亘數十里。南團恐兵力薄不能抗，乃約西團合攻倍磊，别督勇勦田心。蓋倍磊爲西南兩鄉之衝，賊踞此爲巢穴。兩鄉約夜襲其營，江水盛漲，濟師失期。西團先登，陷伏中，賊遂分道深入，南團亦設二伏以待，倉猝不得發。會天大霧，咫尺不辨，砲聲起，四山轟應。賊不察虚實，遽驚潰，然二伏亦散匿未出。其自北道來者，於十六日迎擊於三丫塘，大破之，圍乃解。是役也，幾瀕於危，屬有天幸，南團雖無恙，而西團遂爲所殲矣。賊休兵五日，始進援湯溪。然其後隊猶屯金華、澧浦諸村，意未忘我也。恐我軍襲其後。十二月初七日，賊大舉踰大嶺，團勇扼嶺巔不得入，乃旁攻鮎魚嶺以撓我，鏖戰移時，幾敗矣，適援軍至，賊始退而併力大嶺之北最高者曰虎車山。賊先據之，我以偏師猱行拊其背，壓賊軍而陣，賊勢不得合併，乃震駭，潮湧而下，顛崖墜壍，屍枕籍山谷間，俘十餘人以歸。自是，賊不復覬覦矣。見《拙庵叢稿》。按，先大夫《石古齋文存·崇義祠碑記》書後云：當是時，吾邑民團有二，一南一西。南團者，二十八都一地耳，非合一鄉而團之也，顧山勢曲折迴抱，有隘可守，而又有竹卿聘君先毁産，人多效之，糧足氣壯，故二十八都團聞於時。西團則不然，平原廣野而地又當衝，賊之由越攻衢者，道必經，且居民貧瘠，餉無由出。其獲賊也尤奇，一二人或三四人握刀臥溝間，賊過之，躍而刺其馬，馬踣人倒，攫其金貲以走，而以首上功級五千。及賊率隊至，則耕氓饁婦莫與對仗也。以故，賊經吾邑者，畏南團如虎，而視西團如蜂焉。西與南以倍磊爲界，當三僞王之大股來竄也，兩團各有戒心，約爲唇齒而夜劫賊營。會天霪雨後期，西團遂陷於賊，死傷枕籍。噫！孰非吾邑忠義之士乎？惜無人表彰其姓氏以邀祀典也，則夫歆饗於崇義祠者，不可謂不幸矣！

二年癸亥正月十三日，賊遁。十七日，肅清。

二年正月，巡撫左宗棠督率諸將連克龍游、湯溪、金華、蘭谿各城，軍威大振。賊失重險，枝葉披離，腹心震懾，無意戀戰。正月十二日，金華踞賊劉政宏知湯溪攻克，遂率黨啓旌孝門即義烏門向義烏遁。義烏踞賊同遁。時三僞王潰兵百餘萬，亦由義烏竄走諸暨，連燒民房，火光燭天，狂奔七晝夜不絕。至十七日，闔境肅清。互見《平浙紀略》《鄧氏日記》《金華光緒志》暨《樓杏春詞抄》等書。二十五日，浙江布政使蔣益澧追賊抵義烏，見《樓杏春詞抄》。見城内無居民，憫然傷之。遂命前鋒先行，前鋒爲總兵高連陞，副將熊建益。已則暫駐城中，略規善後，留三日始去。時有邑令黄鋹，由九都人民傅順貴山傳人招鄉勇百餘名，擁之入城。見先大夫《石古齋文存》。而城中署廨已燬，民居亦多被焚。因覓得小舟一艘，泊城南下傳埠。居數日，蔣公至，訪知有縣令，急召入城，乃一鳩形鵠面之餓夫，恐其孱弱不勝任，撤之，別委林翀爲縣令。林公，湖南人，聞係蔣益澧幕友。邑中既有守宰，遂傳檄四境，招撫流亡，而人民多未信。時杭州未復。及見四城門懸有巡撫左宗棠、布政使蔣益澧辦理善後檄文，始陸續歸附。然溝壑餘生，匍匐而至，亦皆喘息僅存矣。同治二年二月初四日，左宗棠在嚴州營次奏云：「人物凋敝，田土荒蕪，白骨黄茅，炊烟斷絶。現届春耕之期，民間農器毁棄殆盡，耕牛百無一存，穀荳雜糧種子無從購覓。殘黎喘息僅屬者，晝則緣荒畦廢圃之間，擷野菜爲食；夜則偎枕破壁頽垣之下，就土凷以眠。昔時温飽之家，大半皆成餓殍，憂愁至極。并其樂生哀死之念，而亦無之，有骨肉死亡在側，而漠然不動其心者。哀我人斯，竟至於此。」此皆左公目擊情形入告朝廷者。見《平浙紀略》。當奉省檄設善後局，局在金山嶺頂渭川公祠。先伯祖仲元公嘗董其事。仲元公諱洵亨，廩生。同事尚有多人，姓名俟考。左公所頒善後事宜有十二條，皆當時切要之圖。見《平浙紀略》。而吾邑爲經費所限，未能悉遵，僅擇其最要者舉辦四事：一曰埋屍。兵燹之後，屍骸暴露，血肉腐爛，穢氣薰天，觸之輒成疫癘。除由善後局顧工埋葬外，令人民掩屍一具，給錢百文，限一月肅清。乃愈埋愈多，凍死、餓死不絕於道。至五六月間，疫癘盛行，死者尤衆，致掩埋局半年不能撤。二曰施粥。辛酉之變，適當農時，新穀未登，舊穀被掠。賊令鄉官勒民間，每鄉供穀四萬擔，燭四萬斤，缺一即屠殺。見《傅掄元詩稿》。壬戌夏秋，屠僇尤甚。二年以來，耕稼盡廢，樹皮草根食且盡，甚至有煑土爲羹者。東北鄉山谷中有土，色白，狀類麥粉，可煑羹充飢，名觀音粉，言其能救苦救難也。西鄉亦有。蔣公益澧追賊過境，見而哀之，爲留軍米百餘石作急賑。繼由巡撫左公撥捐款二百緡，爲開辦善後經費。時蘭谿富民毛象賢認捐米六千石，先繳洋銀一萬零三千元，銀一百三十九兩，分給蘭谿、湯溪、浦江、義烏、武義、永康、龍游、建德、桐廬、分水、淳安、壽昌、新城、昌化、於潛、富陽、諸暨等縣買米煑賑。按，此由左宗棠奏追。洋商革道，楊坊捐款。案，内節録毛象賢當亦洋商之流，或寄居上海，得免於難。否則蘭谿亦遭兵燹，何以有此巨富？事見《鄧氏日記》。爰於城廟内外設粥廠數處，按户給票，按票施粥，存活頗多。三曰清鄉。巨寇雖除，餘孽未盡。邑中無賴從逆既久，習爲殘暴，焚殺劫奪尚有所聞。幸縣令林公由戎幕起家，治法尚嚴，聞有盜警，輒親往督捕，所率衛隊皆湘中健兒。時城西隅有劇盜陳青、陳防兄弟二人甚猖獗，居民患之。林公率兵圍捕，盜知官兵至，急遁入城西繡湖蘆葦中，追者不知去向。公乃躍立馬背遠望，知賊所在，遂棄馬飛步入蘆葦中，擒之。每獲賊，輒割耳，重者，戕其足趾，置囹圄中，創痕復，又釋之。人問其故，則曰：「若輩亦燹後遺民，逼而爲盜。義烏經此大亂，人口鋭減，不宜再殺。倘能改過，未始不可爲良民也。」無賴聞之，多感化。四曰招墾。刀兵之後，疾疫爲災，死亡過多，土地荒廢。巡撫左公急向江西、皖南各省購買耕牛數千頭，穀籽數萬斛，給發金、衢、嚴已復州縣，省垣未克，故不及。補助春耕。吾邑賊氛已靖，得沾大惠，遂由善後局勸導鄉民，如有願領牛隻、穀籽，從事種植者，准其就地開墾，業主不得争執。當時業主亦無争執，非畏法也，蓋以地廣人稀，無力開闢耳。是年秋收又歉，嘗有故家子弟殘喘僅存，四體不勤，匍匐求食，竟致圖飽一飯，報以腴田百畝者。千金之産，數日立盡。悲夫！

無知氏曰：粤匪之亂，在咸豐初年，逆燄方張，不可向邇。楊秀清之徒揭竿而起，由桂而湘，由湘而鄂而皖而金陵，其鋒不可當也。迨咸豐末年，僞都内亂，東北二王自相屠僇，楚賊、粤賊水火不容。天王無術統馭南京，根本動摇，其在外省騷擾者已成流寇。各省疆吏果能就地防堵，節節截剿，粤匪不足平也。石達開入蜀，爲川督駱秉璋所擒，其明徵也。我浙江遭難最後，而被禍亦最烈。推原禍首，則浙江諸將不能辭咎焉。按，咸豐十一年，僞忠王李秀成、僞侍王李世賢統烏合之衆，徘徊江、皖間，爲左宗棠、鮑超所敗。殘餘賊匪窮蹙無歸，勢將別竄。旋聞浙東無備，遂乘虚而入，由白沙關入。冀延殘喘。其時衢州總兵李定太擁兵八千，軍實充足，如能迎頭痛擊，則我浙可無兵災。乃計不出此，攖城固守，聽賊掠過，不出一兵，任其陷江山、陷常山，連陷壽昌。我浙上游重險盡爲所有，而金、嚴二府勢難獨存矣。是時，浙江巡撫王有齡分遣水、陸二軍迎戰，其由桐廬、富陽溯流而上者爲提督張玉良；其由諸暨、浦江遵陸而行者爲總兵文瑞及曾得勝、米興朝諸人。乃張玉良至蘭谿，按兵不動，日以搜刮民財爲事，甚且縱兵搶掠。蘭谿民團屢請出戰，非惟不許，且與爲仇。龍游、湯溪爲金華門户，兵家在所必争，張玉良僅遣龔占鼇率五百人防守。賊至，不戰而遁。龍游既失，湯溪隨陷，金華府城遂不保矣。文瑞亦有兵八千，初駐孝順，其前鋒曾得勝紮曹宅，與民團不和。賊至，亦不戰而退，由孝順而義烏而諸暨而紹興，於是金、衢、嚴三府盡爲賊有。衢州僅府城未失，餘皆陷。蓋金、衢、嚴居浙江上游，上游既失，建瓴之勢即成，規取省垣易如反掌。

十一月，杭城陷，巡撫王有齡殉難，張玉良、文瑞死於亂軍之中。夫玉良、文瑞何足惜？所可憫者，吾浙數千萬人民同遭蹂躪，積屍成阜，流血成渠。事雖起於洪、楊，罪實歸於諸將。玉良等之肉，其足食乎？後左宗棠、蔣益澧克復浙江，亦由衢而金，由金而嚴，先據上游，再規省城。其用兵之路與粤匪無異。嗚呼！國家養士數百年，同受國恩，同執兵柄，左、蔣二公何其勇，張、文諸將何其怯！此豈兵力有强弱歟，亦人格有高下耳！

附録鄉先生詩詞

凡與粤匪有關者，皆録之。惜作者無多，僅此數人也。

諸將[一]

陳元穎

桀帥來江左，張遼擅重名。全師征遠道，一鬨失雄城。苦事抄民物[二]，甘心助

〔一〕按，本書所輯陳元穎相關詩文，兹據民國二十二年（一九三三）義烏黄氏鉛印《義烏先哲遺書》所收陳元穎《栗園詩草》校勘。陳元穎（一八二六—一八七七），字栗園，義烏人。父熙晉，歷官貴州知縣、湖北知府，所至有政聲，博學能文，名列《清史稿·儒林傳》。

〔二〕抄，義烏黄氏鉛印本《栗園詩草》作「捜」。

寇兵。赤眉纔數百，忍令日縱横。張玉良

克復期專閫，長驅憚合圍。遷延成賊勢，畏葸失戎機。狼虎千羣集〔一〕，蟲沙一戰揮。巧遲輸拙速，流毒遍封圻〔二〕。文瑞

處處徵丁壯，村村議土團。談兵紙上易，築室道謀難。未覩功勳集〔三〕，空令井里殘。歸田甘病廢，枉作重臣看。余萬青

潰兵方再振，寇退復旋師。但解輕爲遁，何曾重可持。交鋒無格鬥，奔命轉傷夷。他日嗟東市，聲名久已隳。米興朝

重圍需壯拯，掃境屬元戎。一戰全軍潰，連城大局空。虛聲誤殷浩，失律挫房公。白馬橋頭水，潺湲恨不窮。饒廷選

憂勤支敗局，節烈殉封疆。不任專征責，徒爲散地防。養威攜衆鎮，籌策誤多

〔一〕集，義烏黄氏鉛印本《栗園詩草》作「合」。

〔二〕圻，底本原作「坼」，據義烏黄氏鉛印本《栗園詩草》及文意改。

〔三〕功勳，義烏黄氏鉛印本《栗園詩草》作「勛庸」。

方。兩浙淪奇禍，英靈訴九閽。王有齡撫軍

亂後入城　陳元穎

人民城郭兩皆差，殘劫灰中鬢欲華。祇見銅駝卧荆棘，何年澤雁話桑麻。醉顔久以囊空斷，食量偏於米貴加。悽絶重來雙燕子，尋常百姓亦無家。

和江嶺雜詩　避亂山中〔一〕　陳元穎

貙狼一夕滿郊坰，避地真無隙地停。露宿宵征踰百里，蒼皇逼入萬山青。

〔一〕義烏黄氏鉛印本《栗園詩草》無「避亂山中」四字。

僻遠聊求旦夕安[一]，奈求粒米抵琅玕。飛騰饑火三千丈，不敵炎天子夜寒。[二]

本山泉水本山茶，品味堪傳賞鑒家。日飲清茶清澈骨，饑腸難可語餐霞。

昨歲中元尚祀先，杯盤草草淚潸然。於今又屆中元節，人鬼誰知兩禁烟。

山中一雨冷颼颼，何況於今已届秋[三]。絮被棉衣無覓處，青簑着體抵珍裘[四]。

賊焰踰年翻大亂，家人四處又重分。死生去向無消息，腸斷哀猿叫暮雲。

屢逢佳節又中秋，翹首烽烟尚未休。月自團圓人自缺，大光明裏懶擡頭。

深山大壑又搜牢，絶壁攀躋捷似猱。大地竟難容七尺，悽惶幾日伏蓬蒿。[五]

〔一〕求，義烏黃氏鉛印本《栗園詩草》作「偷」，「偷」字詩意爲上。

〔二〕「不敵炎天子夜寒」句下，義烏黃氏鉛印本《栗園詩草》另有兩首：「陰陰夏木衆山圍，赤日行天障翠微。三伏尋常彈指過，手中紈扇不曾揮。」「城市花蚊利似錐，年年擬築露筋祠。山中夏夜涼如水，席地帷天了不知。」

〔三〕已，義烏黃氏鉛印本《栗園詩草》作「又」。

〔四〕着，義烏黃氏鉛印本《栗園詩草》作「襲」。

〔五〕「悽惶幾日伏蓬蒿」句下，義烏黃氏鉛印本《栗園詩草》另有三首：「吻中生火汗如漿，一歲煩蒸此日當。山外山間無幾許，天公毋乃太炎涼。」「束薪齊逞郅都才，使氣尤矜灑死灰。浮薄炎涼何足异，且憑忍辱當消灾。」「荊棘叢中被絮行，孑身太覺可憐生。穿窬心事阿旁面，禹鼎山經狀不成。」

干戈遍地連三月，桎梏羈身過七旬。賊難平時魔難解，今朝一笑復爲人。

自咸豐十一年八月二十五日[一]，粤賊自浦[二]竄義，全家避難油麻灣，流離兩載，寇氛益惡，賦詩[三]寄憤 同治元年閏八月作[四] 樓杏春

不料商顔避世人，而今犇走痛勞薪。全家忍苦貧兼病，兩載離鄉秋復春。誓嚙齒牙噴碧血，肯低頭項屈黄巾。布衣不合飢寒死，儘有雄心泣鬼神。

〔一〕二十五日，義烏黄氏鉛印本《粲花館詩鈔》作「廿五日」。
〔二〕「浦」字下，義烏黄氏鉛印本《粲花館詩鈔》有「江」字。
〔三〕賦詩，義烏黄氏鉛印本《粲花館詩鈔》作「賦此」。
〔四〕本書所輯樓杏春相關詩文，兹據民國二十二年（一九三三）義烏黄氏鉛印《義烏先哲遺書》所收樓杏春《粲花館詩鈔》《粲花館詞鈔》校勘。樓杏春（一八三一—一八九五），字芸皋，清同治甲戌（一八七四）進士，歷官新城、萬安、建昌、石城知縣。「八月作」下，義烏黄氏鉛印本《粲花館詩鈔》有「二首」二字。

淒風苦雨撼茅茨，披髮狂歌天地悲〔一〕。愁外青山難着我，腔中熱血欲抛誰。親朋生死三更夢，家國存亡半局棋。何日請纓酬素願，早爲霖雨活瘡痍。

哭亡兒〔二〕

樓杏春

到處蟲沙膹劫灰，草菅殘命委塵埃。傷心野哭魂千里，冷骨孤眠土一堆。汝已泥鴻成幻影，自無風鶴警泉臺。桐棺三寸渾難覓，離亂生涯百事哀。

〔一〕披髮，義烏黄氏鉛印本《粲花館詩鈔》作「被髮」。

〔二〕義烏黄氏鉛印本《粲花館詩鈔》此篇詩題原作《前哭瑛兒十八絶琴歌既斷酒賦難續矣蓬門卧病棖觸萬端枕中成七律十章意多重複語涉荒唐聊以托寫悲哀不復再計工拙時同治元年十月初五日也》，此爲第十章。

辛酉六月紀事[一]

朱鳳毛

百尺嚴城雉堞高，屯營環擁簇弓刀。丸泥但使封魚鑰，鐵騎安能襲虎牢。隔岸雷轟飛礮火，滿街星散失旌旄。上游可惜空形勢，博得輕裝一味逃。

草穀蟻聚蜂屯處處經，殺人如草燒如星。㷷摩火宅飛灰劫，變相尸陀濺血腥。

打驚千騎疾，岡巒搜遍萬螺青。家園縱未遭兵燹，已是酸心不忍聽。

荒街倉皇行李各奔波，挈女呼兒逐隊過。身外幾無餘地避，眼前惟有苦人多。

忍看零丁帖，茅舍欣同安樂窩。境已淒涼天更慘，蕭蕭梅雨奈行何。

〔一〕本書所輯朱鳳毛相關詩文，兹據光緒十五年己丑廣州刻朱鳳毛《虛白山房詩集》校勘。朱鳳毛（一八二九—一九〇〇），字濟美，號竹卿，又號蓮香居士，義烏朱店人，清末著名學者、教育家朱一新之父。著有《虛白山房詩集》《虛白山房駢體文》《一簾花影樓試帖律賦》等。

前番熏穴走城狐〔一〕，差喜欃槍得早除。戊午初夏，石達開陷永康、武義。六月潰散。不信人生真到此，未知天意究何如。十年烽火紅巾滿，千里關山白骨墟。過盡昇平渾不覺，始嗟清福是閒居。

避寇山中築茅舍落成即事

朱鳳毛

亦愛家居好，風塵奈未安。不嫌籐峽峭〔二〕，權置草堂寬。壁削巖千尺，峯迴路百盤。泥封函谷斗，棧逼劍門巑〔三〕。因樹遮爲屋，依松縛作欄〔四〕。拓基牢疊石，接

〔一〕熏穴，底本原作「薰黑」，兹據己丑本《虚白山房詩集》改。「熏穴」或作「燻穴」，本指烟熏洞穴。漢王充《論衡·命禄》：「越王翳逃山中，至誠不願，自冀得代。越人熏其穴，遂不得免，彊立爲君。」後因以「熏穴」指被擁立爲君王。北周庾信《周太子少保步陸碑》：「雖復季末，大成之心守節。既遭燻穴，翻從壓紐。太祖初封函谷，始合諸侯。」

〔二〕籐，己丑本《虚白山房詩集》作「藤」。

〔三〕逼，己丑本《虚白山房詩集》作「迫」。

〔四〕欄，己丑本《虚白山房詩集》作「闌」。

筧巧承湍。瓦代茅偏省，牆圍土易完。奇杉窺檻外，飛瀑瀉簷端。鄰舍蜂房簇，村墟鼠穴攢。一家移草草，八口聚團團。水急夜逾響，山深秋早寒。雨圍叢篠黑，霜壓老楓丹。穩任迷藏促，高憑劫火看。逋逃容藪僻，安樂得窩難。聊定蒼黃局〔一〕，誰探赤白丸。勝如巖穴處，露宿更風餐。

贈陳佩甫時有處州之行

朱鳳毛

公子翩翩昔相見，風流文彩人争羨。草堂燈下忽重逢，鬑鬑已改蓮花面。車笠睽違五載强，兩年中更變滄桑。乍經離亂難回首，纔訴衷情欲斷腸。自從去夏遭兵燹，豺狼當道恣蹂踐。千巖萬壑三家村，避賊猶嫌入林淺。忽聞賊騎來搜牢，窟兔

〔一〕蒼黄，底本原作「倉黄」，兹據己丑本《虚白山房詩集》改。「蒼黄」謂世事反復無常。唐張説《王氏神道碑》：「蒼黄反覆，哀哉命也！」

亂竄驚鼯逃。脱身出險略喘息，瞪視無語蒼天高。倉皇行李委荒谷〔一〕，攜家又覓他鄉宿。他鄉非有稻粱肥〔二〕，聊學鷦鷯借一枝〔三〕。往日揮金多似土，窮途行色黯無輝。元龍豪氣自千古，區區衣食何足數。義憤終教封豕擒，壯懷易激聞雞舞。秋山落葉霜華濃〔四〕，括蒼首建迎師功。犁庭吉讖三秋日，賊營有元年閏七月起勢，今年閏八月失利之謡。破浪先聲萬里風。嗚呼！下紓家難上報國，丈夫貴自行胸臆。此去終邀青眼人，古來安有白頭賊？

〔一〕倉皇，底本原作「倉黄」，兹據己丑本《虚白山房詩集》改。
〔二〕稻粱，底本原作「稻梁」，兹據己丑本《虚白山房詩集》改。
〔三〕借，己丑本《虚白山房詩集》作「寄」。
〔四〕落葉，己丑本《虚白山房詩集》作「葉落」。

南山殺賊歌

朱鳳毛

南山界義烏、永康、武義三邑，最著曰風坑〔一〕，爲三邑通衢。又西十餘里曰石柱巖，别徑數條，益峭險。壬戌五月〔二〕，賊目李仁壽率黨萬餘攻處州，不克，退屯永康三十里坑。食盡，偵我境完實，日遣騎過山抄掠。十二日，賊二百餘趣我村。村人散伏林莽，數壯士大呼直前，四出響應。賊駭，捲幟遁。由是西南未被掠。諸村咸聚勇防守。賊自此出没山谷，倏東倏西，無定所。或侵晨，或日中，或三四更，無定時。我勇隨方應禦，戰無不克。賊枵腹來往，一無所得，又多死傷，旋遁回金華掠稻。南山帖然。是役也，民氣之壯，賊鋒之挫，爲數百里内所未有。而仄徑巉巖，神出鬼没，無平疇馳突之利，事半功

〔一〕風坑，底本原作「楓坑」，兹據己丑本《虚白山房詩集》及下文改。
〔二〕壬戌，底本原作「壬戍」，兹據己丑本《虚白山房詩集》改。

倍。詩曰：

快事無過殺劇賊，況兼地利助人力。南山橫絶障我鄉，乍懾兇鋒此潛匿。隔山賊已垂涎早，日掠一村浄如掃。我村未掠蓄憤深，安排耐我老拳飽。詰朝賊復踰風坑，何物鼠輩容橫行。奮臂一呼四山應，賊出不意羣相驚。前隊逡巡後隊走，義旂直指風坑口。捉生快比入苙豚，奔命忙於喪家狗。從此西南十數村，健兒争試好身手。有時夜度天龍山，頂踵潛接猿猱攀。忽然半天火炬殷，鳥槍早伏深林間，一槍一賊無生還。有時曉逼篁屏嶺，嶺上一聲鉦告警。千山風雨争馳騁，狂奔無路如落井，血肉淋漓相藉枕。峭壁纔容趾二分，橫衝直上李摩雲。磴道盤空足徒跣，直拽長繩楊大眼。由來天幸出非常，殺賊團丁無一傷。絶壑幾填千百級，一旬連勝十三場。嗚呼！食毛踐土恩原重，義憤何人不氣涌。上報君恩下保家，何必英雄出將種，君不見南山勇！

喜聞官軍復郡城四首〔一〕

朱鳳毛

先聲真破胆，一夜忽城空。不道萑苻輩，全驚草木風。倉箱儲尚滿，樓櫓屹稱雄。螳拒仍無力，翻資殺賊功。

痛定重思痛，三年涕淚餘。村多灰變劫，人少鬼盈車。家具搬藁鼠，驚魂漏網魚。銜泥今始穩，辛苦燕巢初。

不有鄉兵力，誰爲犄角勞。雷轟槍火迸，星雜燒痕高。入穴狂探虎，翻山捷鬥猱。匹夫能倡義，何必讀龍韜。

共擬家山破，誰知安樂窩。豳詩耕織譜，唐俗儉勤歌。地僻風猶古，天憐劫易過。桃源今不見，應似此中多。

〔一〕「四首」二字，底本原無，兹據己丑本《虛白山房詩集》補。

書金華咸同間兵事

朱鳳毛

金華自五季後，雖遭兵革，未經大創。咸同酉戌間，人民廬舍蕩然孑然，創深痛遲，情難已已。爰詮次所聞見，揭其大要，著於篇始。咸豐戊午迄同治癸亥，與兵事相終始也。不旁及諸郡兵事[一]，以題爲限制也。其間與軍報或不甚合，但期存真，不復繢飾也。書義烏鄉團獨詳者，是時官軍在龍游，相距二百餘里，環邑境皆賊，蠭屯螘聚，不可爬梳；而鄉勇奮於棘矜之餘，且戰且守，一邑肅清。其鄰境聞風起義者，且比比焉。故湯溪克復，諸邑賊皆鼷竄，懼鄉勇襲其後也。得五言古詩十一章，綜一千一百二十言。

舉酒忽不飲，未語先吞聲。孤懷一曳緒，思如春草生。承平二百載，老死不見兵。何圖及我身？青犢方縱横，臨歧幸脱兔，當道誇屠鯨。痛定重思痛，愴然百感

〔一〕旁及，己丑本《虚白山房詩集》作「旁涉」。

并。四座且勿喧，聽我兵間行。

粵西久跳梁，江南無浄土。遠處浙東偏，耕鑿庶安堵。驟聞鼙鼓來，風鶴駭士女。竄如焚林猨，匿如穿墉鼠。官軍示持重，鄰縣遥堵禦。奪人以虚聲，羽書日傍午。賊退亟移屯，尾追誇飲羽。得毋大敵勇，小敵怯如許。洛姬肚幾何，乃比宋公鼓。咸豐戊午四月，僞翼王石達開自福建竄處州，突陷永康、武義。官軍偏屯金華、義烏，無一卒入賊境。賊旋以孤軍無繼，六月遁去。

金華繁庶鄉，羣賊久窺伺。建瓴控諸州，況據上游勢。前年纔染指，今欲行掉臂。庶賴城守嚴，樓櫓頗完備。樹椿設連營，環橋屯列騎。賊意難久持，輕兵一嘗試。堂堂灞上軍，怯戰同兒戲。開門揖令入，丸泥無人閉。壯哉一校官，千載有生氣。咸豐辛酉，僞侍王李世賢犯龍游。金華戒嚴，列營城南通濟橋。四月十七日，賊自龍游犯湯溪。十八日，湯溪陷。十九日，賊二三百人驅至橋南〔一〕，守兵聞槍砲聲，皆亂竄，城門不閉。教授蔡公召南投署前古井死之，城遂陷。

〔一〕驅，己丑本《虚白山房詩集》作「驟」。

賊始寇郡城，同仇有蘭谿。孤城一以破，勢殆成連雞。男婦闃而走，千艘匿河西。方仗避兵符〔一〕，將軍爲提攜。豈知軍心變，周阹大合圍〔二〕。入釜泣游魚，搜牢駭然犀。黄巾乘其後，白芀無孑遺。居者飽蛇豕，逃者爲鯨鯢。胡不畏民謡，評量梳與篦。蘭谿河西鄉團殺賊有聲，張提督玉良威望素著，自金陵敗回後，軍心日渙，屯蘭谿，與民團積釁相仇殺，退次嚴州。無何蘭谿陷。張軍修前郄，襲民團。女埠上下七十里，焚燬殆盡。諸避賊者千餘艘同被殺掠。前知府程公兆綸往諭，亂兵戕其幕友，張無如何。惟王參將浮龍馭軍嚴，民團德之，所部千人號奮武軍，張令以四百人守小方嶺。蘭谿既陷，腹背受敵，鏖戰十餘日，居民未遷者得從容避匿，卒以衆寡不敵，死焉。張後亦戰没於杭州〔三〕。

百里無乘堙，兵賊互主客。城破賊不居，横馳風雨急。赴援雖慷慨，大局已瓦裂。轉鬥不得前，墨守苦無力。援兵復請援，烟塵日以逼。諸軍何籠東，三戰輒奔

〔一〕避兵，己丑本《虚白山房詩集》作「辟兵」，義同。

〔二〕周阹，底本原作「周却」，兹據己丑本《虚白山房詩集》改。「周阹」謂圍獵禽獸的欄圈。《文選·揚雄〈長楊賦序〉》：「以網爲周阹，縱禽獸其中。」唐李善注引李奇曰：「阹，遮禽獸圍陣也。」

〔三〕没，己丑本《虚白山房詩集》作「殁」。「没」「殁」二字，其意可通。

北。一陷浦陽城，再陷稠州驛。龍蛇起殺機，從此無堅壁。郡城陷，浙東大震。巡撫王公有齡宴諸將，問孰往援，皆默不應。總兵文瑞請行，駐金華孝順街。王復令米興朝、吴再升、曾得勝爲後繼。至諸暨而義烏陷，賊旋棄城去。三將駐義烏，已而孝順街兵潰，文退守浦江。都司劉嘉玉先營五攀嶺，亦潰。入城，賊圍之，文縋書告急。王復令總兵饒廷選率衆六千來援，前鋒潰於鄭義門。文知無援，八月潰圍出。賊連陷二邑，直逼紹興。

居民鳥獸散，賊計難售姦。乃假安集掾，誘使還家園。僞命置百司，名字污周官。按户編保甲，勒錢派門攤。呼蹴同狗彘，斬艾如草菅。伍伯妻强奪〔一〕，摸金冢不完。中有亡命者，沐猴忽加冠。擇肥而寢處，鍛鍊横索瘢。魚肉苦無藝，嫠嗾方多端。憤怒空髮指，奮飛無羽翰。留此有用軀，未屑將身拌。已矣勿復言，徒使摧心肝〔二〕。賊焚掠少息，簽里人爲鄉官，有軍師、旅帥、司馬、卒長等名，藉以斂民財物。按户勒錢，領門牌，分屯、村、鎮，派民供給，勾土匪爲耳目，所在塗炭。

〔一〕奪，己丑本《虚白山房詩集》作「收」。

〔二〕摧，底本原作「推」，兹據己丑本《虚白山房詩集》改。

匹夫能倡義，激起一腔熱。況值三衢兵，連戰破遺孽。安史自相屠，正可施吾策。始皆狼虎羣〔一〕，豢以防豕突。封豕既就殲，搏虎即入穴。疾馳驚破竹，掩取如揭鉢。賂馬虞不援，有烏楚將佚。或修偃月營，十里成一夕。或破摩雲寨，廿人走千賊。斬關虛無人，直竄桐江北。環境狙伺多，氣已先聲奪。草野雖無材，久沾數世澤。持此區區心，保家即報國。辛酉夏，義烏南鄉聚勇殺賊。九月，縣城陷。壬戌春，永康、東陽、金華及義烏東鄉，先後團勇俱爲賊破，焚戮益慘。時賊目陳榮據義烏，李世賢先赴溧陽，攝其事者僞鼎天義劉政宏，徵八邑屯賊犯衢州，榮憚行，屢受督責，遂合諸粵賊屯聚邑境，與楚賊相持。李，楚産；陳，粵産也。李仁壽者，世賢之猶子，率其黨屯永康三十里坑。五月十二日，南鄉人知賊攜貳，詭招榮假子助防，急團勇禦仁壽。連戰四十餘日，仁壽遁走。乘間并攻殺陳假子，夜襲三路營，殲焉。復慮楚賊議其後，詭以所奪陳馬爲賂，遂辭謝之。賊喜不爲備，遂得專事於陳賊。七月七日，擊賊荒山，陣亡三十餘人。八月七日，擊賊雅墅街，賊悍甚，死傷略相當。

〔一〕皆，己丑本《虛白山房詩集》作「偕」，「偕」字義長。

鄉團更迭進攻，賊終日不得休〔一〕，乃宵遁。而西鄉同時築壘嚴守，壘爲賊破十餘里，一夕繕完。賊錯愕，不敢迫。每戰，賊輒張兩翼，選精騎爲衝鋒，鄉兵專以長刀斫馬足，馬踣，人無得脱者。賊愈憤，調悍黨千餘屯倍磊街。西鄉人襲其營，退屯雲黄山下。復選壯士二十三人先登，破之。由是，粤賊屯城外者皆遁。閏八月初三夜，合攻縣城，火光達三十里。荣駭，竄嚴州。環邑諸賊無慮十餘萬，罔敢闌入，四境晏然。

北鄰蛾賊聚，西鄰虎視眈。老羆當道卧，蒭此猶能堪。夜斫北賊營，約束惜未嚴。詰朝賊薄險，一戰摧狼貪。誘敵設伏二〔二〕，逐北退舍三。誰云此完實，西寇垂涎饞。肉薄争峭壁〔三〕，血雨殷層巖。敗籜疾風掃，駭獸長林殲。賊踪日以斂，鄉兵日以添。爲官軍犄角，磨厲鋒逾銛。攻守亦有機，孫吴豈夙諳。書生口擊賊，制梃吾其慚。楚賊偵鄉勇之逐陳賊也，始悔失計，急謀擾我〔四〕。時官軍攻湯溪急，僞戴王黄呈忠、

〔一〕「得」字，底本原脱，兹據己丑本《虛白山房詩集》補。
〔二〕設伏，己丑本《虛白山房詩集》作「設覆」。
〔三〕肉，底本原作「内」，兹據己丑本《虛白山房詩集》改。「肉薄」，謂徒手或以短兵器搏鬥。
〔四〕急，己丑本《虛白山房詩集》作「亟」。

僞首王范汝增、僞梯王練業坤，麕聚金華，以救湯溪。慮我勇襲其後，分屯倍磊、田心、澧浦諸村，扼西南兩鄉之路，而亟以大隊迫西鄉。十一月十一夜，兩鄉約攻倍磊。會江水盛漲，失期。我勇死者七十餘人，賊遂分道深入。十三日，設伏俞村，天大霧，伏兵不出，賊亦不敢迫。然勢危甚。十六日〔一〕，合大橋、官幃諸村勇迎擊三丫塘，敗之，追奔十餘里，圍乃解，而西鄉遂爲所破。賊益萃於我，屢由駝嶺來寇〔二〕，不得入。十二月初八日，賊大舉踰嶺，相持兩時許，知我勇堅不可攻，乃分兵，一由鮎魚嶺抄我後，一據虎車山以壓我。適我勇策應者至，先敗鮎魚嶺之賊，合隊鏖戰。久之，賊不支。乘勝逐北，截賊兵爲二。其先據虎車山者潮湧而下，顛崖墜谷，斬刈無算，陣俘悍賊十餘人。自此金華東北鄉咸聚勇防守，賊亦以湯溪警報狎至，無暇回顧矣。

始聞大兵來，游魂尚嵎負。湯溪一戰收，膽已落羣醜。四壁驚楚歌，夜半驏而走。肅肅驚弓鳥，皇皇喪家狗。螳拒何無人，鼠竄胡能久。横刺輒洞胸，生擒甘俯首。間有漏刃者，迷道駭雜糅。鄉兵奮一呼，截殺常八九。快哉宿憤洩，精神重抖

〔一〕「十六日」三字，底本原脱，兹據己丑本《虚白山房詩集》補。

〔二〕駝嶺，己丑本《虚白山房詩集》作「馱嶺」。

擻。從茲始安居，此身真我有。癸亥正月初十日，官軍殲賊湯溪。十二夜，諸賊盡竄。遲明有逸賊自永康來，鄉兵截殺數十人，時猶未知郡城已復也。

逃者資斧罄，得信爭還鄉。歸來無片瓦，結茅依敗牆。斗米值逾千，畝田五百强。賣田三百畝，不救八口荒。腐齒與人腊，縱橫積路旁。屍氣蒸作疫，災厲安能禳。西舍全家病，伏盡未插秧。東鄰盡室死，新麥無人嘗。芃芃官道草，比人一尺長。虎狼游通衢，搏噬爭扼吭。天心本仁愛，兵後胡餘殃。豈其應劫死，天亦難主張。瘡痍起幾時，搔首問蒼蒼。

萑苻既淨掃，善後須籌計。殘黎獨何幸，重疊沾深惠。上藥施十全，舊逋放兩税。貸粟鮒能活，給種牛同畀。天亦憐孑遺，頻年補樂歲。胡爲申酉間，種種示災異。野水溢陂塘，賊未至時，諸邑池水驟漲。火光騰殺氣。辛酉初夏，夜有火光高數十丈，聲如金鼓，自府城向東陽去，腥穢觸人。賊至後，火光過處，村舍皆墟。偶語觸前塵，怦怦尚餘悸。流民未繪圖，妖亂今補誌。聊備輶軒采，忍揮少陵淚[一]。

[一] 淚，己丑本《虚白山房詩集》作「涕」。

辛酉即事

陳謙吉

纔聞鼙鼓震金華，大將旌旆映日斜。不信連營猶未定，萬民從此已無家。
飄瞥塵氛動地來，靈椿千尺竟崩摧。無虧大節心原壯，風木徒留萬古哀。
萬山雜沓起烽烟，書劍飄零劇可憐。最是村莊小兒女，一聲阿母一聲天。
纔過前山又後山，任地天險孰當關。奔馳但恐人先我，不覺身登十八灣。

粵東賊屢爲義勇所敗，西南鄉兵即乘勢克復義烏城，賦以誌喜，並柬芑田、竹卿、虛齋諸君

陳謙吉

義旂直指虎狼窩，烽火連山入望多。粵賊但知堅壁壘，賊於設卡處紮立木城，嚴爲守備。鄉民有意靖干戈。民團於破卡時各帶火具，盡行焚燬。柳營開處千村應，民團於各村土山紮營，聯絡數十里，以鑼炮爲號，村村皆應。賊首尾不能顧，是以屢敗。花陣排時萬象羅。

一棒鑼聲聽未已，三軍齊唱凱旋歌。

誰從帷幄運良謀，斬馬功成第一籌。賊嘗以馬隊衝鋒，猛不可當。民團設伏先殲其馬隊，餘皆披靡。**北固人和堪獨擅，**西鄉全以人和制勝。**南陲地利却兼收。**南鄉四山環繞，地勢絶佳。**搜山計毒難防賊，**鄉民避山谷中，亦被搜刮。**渡水心雄屢獲酋。**賊嘗列營於隔水，民團夤夜偷渡劫營，擒其賊目。**報國全家真不負，古來名將本儒流。**

滿江紅 同治二年癸亥正月十七日作

樓杏春

左宗保宗棠命前鋒蔣益澧克復婺州〔一〕。粤賊百餘萬自烏傷竄走諸暨，連燒民房，火光燭天，狂奔七晝夜不絶。婺城乃浙江門户，此州復，全浙指日肅清矣。喜而賦此。

陷陣衝鋒，歎百戰，貔貅老矣。屈指計，全州賊踞，三年於此。咸豐十一年五月

〔一〕前鋒，義烏黃氏鉛印本《槃花館詞鈔》作「先鋒」。

廿五日〔一〕，破金華。三十日，到義烏。六月初一〔二〕，退踞府城。八月廿五日，自浦江踹入義烏。同治二年正月十七日，始遁。廿五日，蔣益澧先鋒逐賊過義，黄明府錕署理縣事。余於二月初二日始返家門。**八婺山川餘劫火，萬家子女啼新鬼。恨哥舒，此罪實滔天，不容死。**知府王同開門先遁〔三〕，並未背城而戰，賊得以千餘人破郡。**誰專閫，能雪恥。翦賊首，踹賊壘。剩腥羶餘賊，狂奔千里。待整中原新事業〔四〕，已恢故國殘基址。扼金城，直下復江南，須臾耳！**

〔一〕廿五日，義烏黄氏鉛印本《粲花館詞鈔》無「日」字。
〔二〕「六月初一」下，義烏黄氏鉛印本《粲花館詞鈔》有「日」字。
〔三〕知府王，義烏黄氏鉛印本《粲花館詞鈔》作「知府黄」。
〔四〕中原，義烏黄氏鉛印本《粲花館詞鈔》作「中興」。

側犯

賊退歸家感賦〔一〕，用姜白石韻〔二〕，同治二年二月二日作　　樓杏春

不如歸去，三間破屋還堪住。零雨，且與詠東山、可憐句〔三〕。曲澗繞平疇，未改前游處。歡語，再莫向蓬廬、枉三顧。萱堂色喜，竹馬兒童舞。痛只痛，别先嚴，寒食遠樽俎。先君權厝油麻灣。舐犢離鸞，亡室權厝、亡兒藁葬，俱在山中。私情休數。罔極深恩，蓼莪誰譜？

〔一〕感賦，義烏黄氏鉛印本《粲花館詞鈔》作「有感」。

〔二〕「用姜白石韻」五字，義烏黄氏鉛印本《粲花館詞鈔》無。

〔三〕可憐，義烏黄氏鉛印本《粲花館詞鈔》作「可懷」。

前調 仍用前韻

樓杏春

自辛酉八月賊入義烏[一]，余家高祖而下，或被殺，或被擄，或病亡，連傷四十餘人。今日旋里，闃户無人，寂寥不寐，悽然有作。

騎鯨人去，零丁讓我遺民住。泪雨，痛影隻形單、退之句。一望冢纍纍，滿目傷心處。招語，問卧病孤兒、仗誰顧[二]？　狐鼪入穴，頭戴骷髏舞。寒食酒，紙錢風，疇復辨樽俎。欲訴閻羅[三]，沉冤難數。枉死城中，鬼應聯譜。

〔一〕辛酉，底本原作「辛西」，兹據義烏黄氏鉛印本《粲花館詞鈔》改；又「義烏」二字下，義烏黄氏鉛印本《粲花館詞鈔》有「後」字。

〔二〕卧病，義烏黄氏鉛印本《粲花館詞鈔》作「餓病」。

〔三〕訴，義烏黄氏鉛印本《粲花館詞鈔》作「訟」。

采桑子　擬陳迦陵東冬韻詞十二首之二〔一〕

樓杏春

還鄉正擬承歡笑，突起兵虹，滿野飛鴻，家舍田園一旦空。宗祠舊廬俱燬於賊〔二〕。**痛哉老父騎鯨去，**壬戌六月十五日，村匪四十七人突入白岩，劫先君，將獻賊卡。春挺身代行，誓將罵賊而死。幸賊内變，十六早辰〔三〕，收卡遁去，春得無恙，而先君驚悸成疾，遂以不起。痛哉，恨哉〔四〕！**骨肉多凶，妻子緣終，**大父、大母、先大人、亡室陳氏、二弟夫婦、大兒、兩女〔五〕、一姪女、一姪媳，合家半登鬼籙。**何日同行馬鬣封〔六〕。**

〔一〕十二首之二，底本原作「十二首之一」，據下文所録，當爲兩首，今改。

〔二〕俱，義烏黄氏鉛印本《粲花館詞鈔》作「都」。

〔三〕辰，義烏黄氏鉛印本《粲花館詞鈔》作「晨」。

〔四〕「恨哉」二字，義烏黄氏鉛印本《粲花館詞鈔》無。

〔五〕「兩女」下，義烏黄氏鉛印本《粲花館詞鈔》有「兩姪」二字。

〔六〕同行，義烏黄氏鉛印本《粲花館詞鈔》作「同營」。

生離死别都經慣，乞食途窮，枉哭秋風，一飯恩難漂母逢。癸甲之間，疫荒大作，餓殍相枕籍。丈夫傲骨終難屈，學個朦朧，休蹙眉峯，會有風雷燒尾紅。

高陽臺 傳聞浙警

陳元穎

繡幕風慳，瑣窗雨細，幾番欲斷羈魂。燕子呢喃，似言故國風塵。瀼西杜老行吟處，望杜陵，愁與雲平。恨彌漫，柳絮顛狂，飛滿江城。紛紛往事今猶記，正雲山夢繞，湯火心驚。事到難圖，願他傳語非真。淒涼萬緒縈心曲，對東風，欲訴無因。更何堪，一局殘棋，覆向枯枰。